SOMOS TODOS
GRETA

TÍTULO ORIGINAL *Il mio nome è Greta*

GERENTE EDITORIAL Marco Garcia
EDIÇÃO Fabrício Valério e Natália Chagas Máximo
PREPARAÇÃO Malu Rangel
REVISÃO Raquel Nakasone
DIAGRAMAÇÃO Juliana Pellegrini
PROJETO GRÁFICO Studio Dispari
DESIGN DE CAPA Florian Michelet

Traduzido da edição inglesa

Dados Internacionais de Catalogação na Publicação (CIP)
(Câmara Brasileira do Livro, SP, Brasil)

Giannella, Valentina
Somos todos Greta: inspire-se para salvar o mundo / Valentina Giannella; ilustrações de Manuela Marazzi; tradução Regiane Winarski. – São Paulo: V&R Editora, 2019.

Título original: Il mio nome è Greta

ISBN 978-85-507-0289-6

1. Aquecimento global 2. Desenvolvimento sustentável
3. Meio ambiente 4. Mudanças climáticas 5. Thunberg, Greta - Literatura infantojuvenil
I. Marazzi, Manuela. II. Título.

19-30089 CDD-028.5

Índices para catálogo sistemático:
1. Mudanças climáticas : Literatura infantojuvenil 028.5
2. Mudanças climáticas : Literatura juvenil 028.5

Maria Paula C. Riyuzo - Bibliotecária - CRB-8/7639

VR EDITORA S.A.
Rua Cel. Lisboa, 989 | Vila Mariana
CEP 04020-041 | São Paulo | SP
Tel.| Fax: (+55 11) 4612-2866
vreditoras.com.br | editoras@vreditoras.com.br

SUA OPINIÃO É MUITO IMPORTANTE

Mande um e-mail para **opiniao@vreditoras.com.br** com o título deste livro no campo "Assunto".

1ª edição, nov. 2019
FONTES Bodoni 72 11,5/15pt
PAPEL Offset 120 g/m²
IMPRESSÃO Gráfica Santa Marta
LOTE SM330607

SOMOS TODOS GRETA

INSPIRE-SE PARA SALVAR O MUNDO

Valentina Giannella
Ilustrações de **Manuela Marazzi**

Tradução **Regiane Winarski**

VR EDITORA

SUMÁRIO

Introdução 9

Capítulo 1
Meu nome é Greta 17

Capítulo 2
Sim, nós somos 23

Capítulo 3
Ciência 29

Capítulo 4
Mudanças climáticas 35

Capítulo 5
O forte e o fraco 41

Capítulo 6
Desenvolvimento sustentável 47

Capítulo 7
Combustíveis fósseis 53

Capítulo 8
Energia renovável e limpa 59

Capítulo 9
Água potável 65

Capítulo 10
Lixo e reciclagem 71

Capítulo 11
Plástico 77

Capítulo 12
Biodiversidade 83

Capítulo 13
Tornar a agricultura, a pecuária e a pesca sustentáveis 89

Capítulo 14
A dieta que vai curar o planeta 95

Capítulo 15
Morando nas cidades 101

Capítulo 16
A chave para o futuro 107

Capítulo 17
#MyClimateAction 113

Capítulo 18
Palavras-chave e *sites* 121

Bibliografia 126

Agradecimentos 127

TEDx St

Para os jovens.

INTRODUÇÃO

É uma manhã de sexta-feira, dia 15 de março de 2019, em Hong Kong. O bate-papo virtual da escola das minhas filhas está animado desde o amanhecer: dezenas de desenhos coloridos apareceram, com *slogans* enviados por *sites* do *#FridaysForFuture* (#SextasPeloFuturo). Hoje é o dia da grande greve global de estudantes organizada por Greta Thunberg, a ativista sueca de dezesseis anos, indicada ao Prêmio Nobel da Paz de 2019 por conta dessa mobilização. Hong Kong acordou com uma ação retumbante feita pelos estudantes. Famílias também estão se preparando para pegar o metrô até a Central Station, o ponto de encontro da manifestação.

“Mamãe, o que quer dizer ‘mudança climática’?”, pergunta Agata, de oito anos. Todas as crianças fazem perguntas; é o trabalho delas, elas precisam entender como as coisas funcionam no mundo. E agora que aquela pequenina menina sueca, com suas tranças compridas e sua expressão séria, atraiu a atenção de adultos, de crianças e de adolescentes para assuntos críticos sobre o futuro do planeta, as cabeças das crianças ficam cheias de perguntas. Aquecimento global, efeito estufa, combustíveis fósseis... O que isso tudo significa? O que é biodiversidade e o que é desenvolvimento sustentável? Quem está estudando as mudanças que estão acontecendo aqui na Terra? Que fontes são confiáveis? Como posso agir?

As crianças e os adolescentes do Fundamental II e do Ensino Médio se informaram bastante nos dias anteriores à primeira manifestação, pesquisando *on-line*, lendo artigos científicos, questionando professores e professoras. Persuadiram suas famílias, que tiveram que estudar muito para produzir panfletos com informações relevantes para distribuição na sala de aula. Foi difícil escolher um caminho em meio às informações fragmentadas na imprensa e aos dados concentrados, carregados de termos específicos oferecidos por especialistas, mas eles conseguiram: jovens e famílias se uniram em conversas informativas, compartilhando textos, análises e debates. Enquanto marchavam e cantavam até as residências oficiais, casas dos governantes de suas cidades, no dia 15 de março, a maioria dos estudantes estava mais bem informada do que os adultos que os observavam nas ruas e das janelas.

Em centenas de cidades do mundo todo naquele dia, crianças e adolescentes carregavam cartazes que nos alertavam de que temos que agir logo, porque, dizendo de maneira direta: *não existe planeta B*. Um cartaz, em particular, chamou minha atenção: *Meu nome é Greta*. Estava sendo carregado por uma garota com franja preta e olhar firme, uma menina com aparência decidida, tal qual a da menina sueca. A expressão decidida não era só dela: eram de todos os jovens na manifestação, de todos que tinham estudado o que cientistas disseram por décadas, de todos que receberam o chamado e decidiram ir às ruas porque não havia mais tempo: *todos eram Greta*.

Mas este movimento não reflete simplesmente a velha mensagem de sempre, espalhada pelas redes sociais. Não nasceu de solidariedade nem de proximidade, mas do desejo de criar uma nova identidade global. Uma garota destemida despertou a consciência de uma geração inteira e a tornou concreta e visível: milhares de jovens compartilhando os princípios universais de ciência, respeito e equilíbrio da Terra.

Este livro apresenta as principais ideias necessárias para entender as mudanças climáticas, explicadas de forma científica e acessível, obtidas de fontes confiáveis. É um livro feito para pessoas jovens, mas também para todos nós, adultos, que também precisamos responder às perguntas diretas e urgentes que os jovens estão fazendo sobre a saúde do nosso mundo.

"O AQUECIMENTO DO SISTEMA CLIMÁTICO É INQUESTIONÁVEL. MUITAS DAS MUDANÇAS OBSERVADAS DESDE OS ANOS 1950 NUNCA TIVERAM PRECEDENTES EM DÉCADAS OU ATÉ EM MILÊNIOS."

"A ATIVIDADE HUMANA TEM GRANDE CHANCE DE TER SIDO A CAUSA DOMINANTE PARA O AQUECIMENTO OBSERVADO DESDE MEADOS DO SÉCULO XX."

QUINTO RELATÓRIO DE AVALIAÇÃO DO PAINEL INTERGOVERNAMENTAL SOBRE MUDANÇAS CLIMÁTICAS (IPCC), PRINCIPAL ORGANIZAÇÃO INTERNACIONAL DE ANÁLISE DAS MUDANÇAS CLIMÁTICAS.

O MUNDO TODO CONCORDA: AS TEMPERATURAS ESTÃO SUBINDO

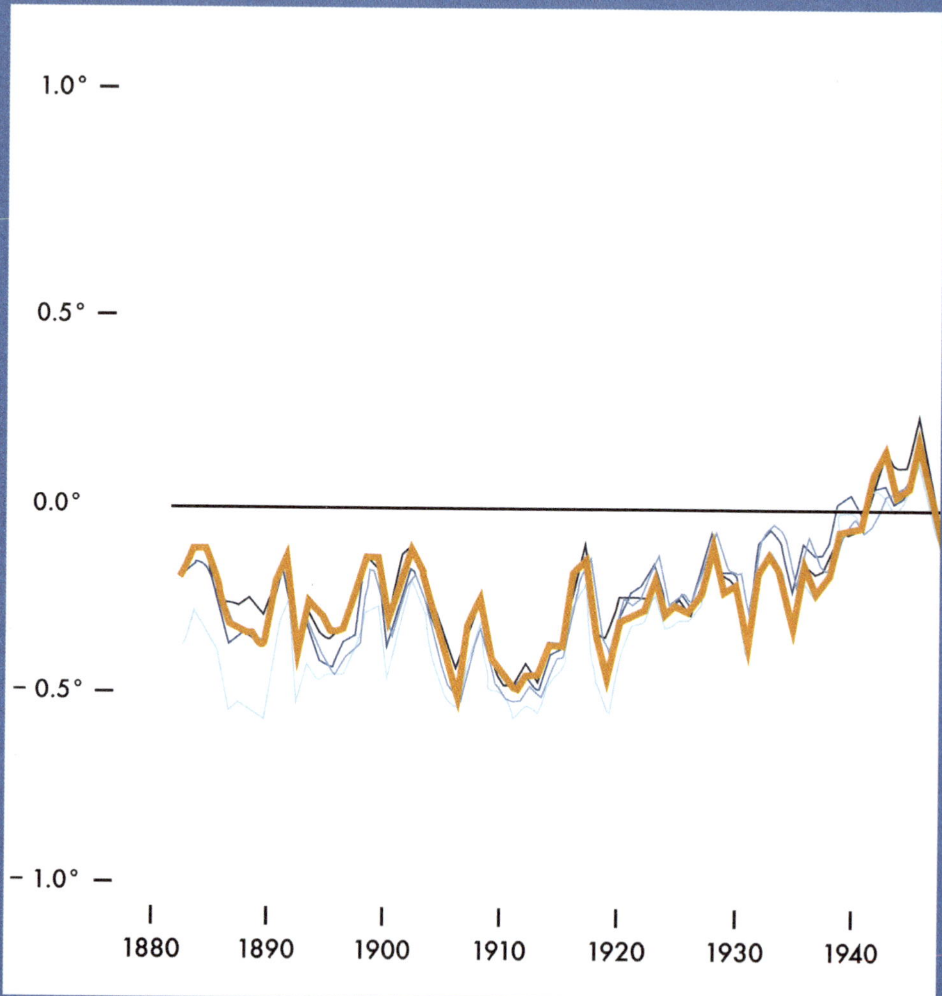

No gráfico, as linhas exibem as anomalias de temperatura detectadas entre 1880 e 2018 em comparação às leituras registradas pela NASA, pela Administração Oceânica e Atmosférica Nacional (NOAA, em inglês) pela Agência Meteorológica do Japão, pelo grupo de pesquisas *Berkeley Earth* e pelo *Met Office at Hadley Centre* (Reino Unido) entre 1951 e 1980. Todas as descobertas mostram um rápido aquecimento e todos sugerem que a década mais recente foi a mais quente (em Celsius).

Fonte: *Earth Observatory*, NASA

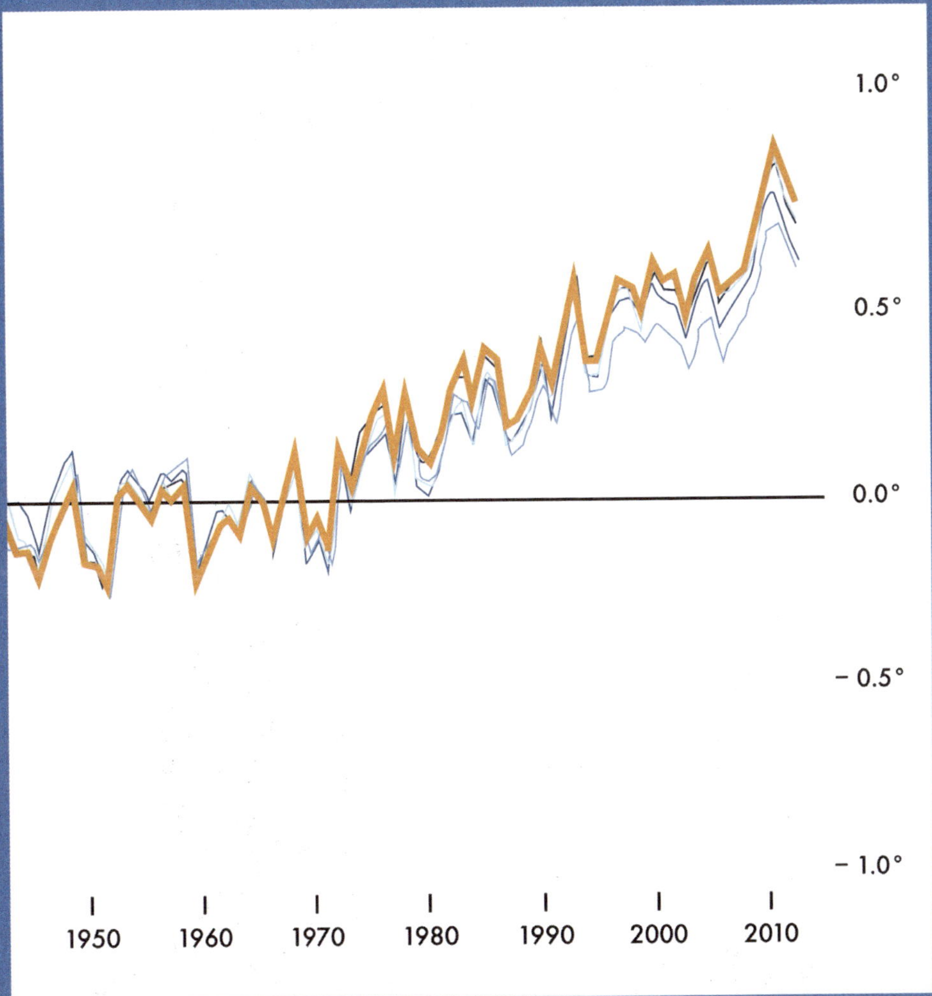

Instituto Goddard de Estudos Espaciais da NASA

Berkeley Earth

Agência Meteorológica do Japão

Centro Nacional de Dados Climáticos do NOAA

Met Office Hadley Centre, Unidade de Pesquisa Climática

CAPÍTULO 1

MEU NOME É GRETA

TROQUE O MEDO POR UMA AÇÃO PARA SALVAR O FUTURO

Estocolmo, Suécia. Passou-se pouco tempo desde o café da manhã do dia 20 de agosto de 2018, e Greta está amarrando os sapatos e se preparando para sair de casa, assim como outros milhões de jovens. Mas hoje sua rotina está prestes a mudar. Ela não vai para a escola, e seu mundo (o nosso também) nunca mais será o mesmo.

Greta Thunberg nasceu no dia 3 de janeiro de 2003. Sua mãe, Malena, é cantora de ópera (e representou a Suécia na Competição de Canto do Eurovision de 2009), figura pública e escritora, e o pai, Svante, é ator. A árvore genealógica da família Thunberg exibe outro Svante famoso – Svante Arrhenius, que ganhou o Prêmio Nobel de Química em 1903 como o primeiro cientista a examinar a ligação entre emissões crescentes de dióxido de carbono e o aumento de temperatura na Terra. Os estudos sobre aquecimento global, iniciados nos anos 1960, foram baseados nos cálculos de Svante, baseados na Física e na Química. Entretenimento, cultura, ciência... o histórico de Greta parece prometer um excelente futuro, sem qualquer preocupação. Mas um acontecimento nessa história atrapalha seu desenvolvimento.

Greta sempre foi uma criança curiosa. Quando fez oito anos, começou a questionar por que sua mãe e seu pai eram rigorosos sobre apagar as luzes, não desperdiçar água ao escovar os dentes e sobre jogar comida fora. Ela decidiu aprender mais e começou a ler livros e se informar. Descobriu a mudança climática e suas consequências para a saúde do planeta. Ficou preocupada – ela provavelmente queria pensar em outros assuntos, mas tinha seu jeito de encarar as coisas e não conseguiu deixar para lá: "Se temos certeza de que queimar combustíveis fósseis é tão ruim que ameaça nossa própria existência, como podemos continuar como antes?".

A veia científica da família e o apoio de sua mãe e de seu pai ajudaram Greta a aprender o máximo possível. Mas as coisas começaram mal – ela leu tudo que conseguiu encontrar e as informações entupiram sua mente como folhas num bueiro em dia de chuva. Ficou deprimida aos onze anos, parou de comer e perdeu dez quilos em dois meses. Parou de falar. Sua mãe e seu pai a levaram a médicos, que diagnosticaram síndrome de Asperger e mutismo seletivo. Asperger é uma forma moderada de autismo que não interfere no aprendizado e na linguagem, e costuma se manifestar pela dedicação integral ao estudo de assuntos específicos e pela falta de inibição social para desenvolver ideias. Já o mutismo seletivo é uma incapacidade de conversar com pessoas, ou sobre assuntos variados, caso não despertem uma conexão profunda. Os únicos momentos em que os olhos de Greta se iluminavam e suas palavras fluíam era quando ela compartilhava suas preocupações sobre o futuro do planeta: "O que vamos fazer para nos salvar, salvar nossos filhos, meus netos?" Ao entenderem que isso era fundamental para ajudá-la, sua mãe e seu pai pediram que ela explicasse suas ideias para eles, para depois dividi-las com outras pessoas. Eles a ouviram. Sua mãe parou de pegar aviões para ir a teatros no exterior onde tinha que cantar, seu pai passou a dirigir um carro elétrico e eles pararam de comer carne. Quanto mais Greta foi percebendo que podia fazer diferença, mais forte e poderosa ela foi se sentindo.

"Nós chegamos ao ponto em que a ciência tem tudo do que precisa para nos dizer que riscos estamos correndo e o que temos que fazer; não há mais tempo para desculpas". Em vez de ir à escola naquela manhã de 20 de agosto, Greta se sentou na rua em frente ao Riksdag, o parlamento da Suécia, com algumas palavras escritas em uma cartolina: "Greve escolar pelo clima". O verão de 2018 foi incrivelmente quente na Suécia, chegando a inéditos 35°C e gerando queimadas que precisaram da ajuda de todos os países da Europa, inclusive aeronaves que soltaram bombas de água para tentar conter o fogo. As eleições aconteceriam no dia 9 de setembro, e Greta decidiu: "Se ninguém vai fazer nada, eu vou". Um dia após o outro, durante vinte dias, ela se sentou em frente ao parlamento. Começou a atrair atenção de todos os cantos. Seus professores foram os primeiros, e ficaram divididos entre os que consideravam o comportamento de Greta inadequado e os que se sentaram com ela, seguidos por numerosos cidadãos, por ativistas, por jovens e por não tão jovens; depois, os primeiros jornalistas também foram. O Twitter e o Facebook espalharam a história pelo mundo virtual e, em duas semanas, a *hashtag #SchoolStrikeForClimate* (#GreveEscolarPeloClima) – dizeres do cartaz de Greta –, havia se espalhado pelo mundo.

NÃO HÁ
PLANETA B
MEU NOME
É GRETA

CAPÍTULO 2

SIM, NÓS SOMOS

#FRIDAYSFORFUTURE (#SEXTASPELOFUTURO) E A NOVA NAÇÃO VERDE

"Nós não precisamos de esperança, precisamos de ação – só quando houver ação é que poderemos voltar a ter esperança." Estamos em novembro. Três meses se passaram desde a manhã em que Greta se sentou sozinha na frente do parlamento sueco. Desde então, ela já subiu ao palco do TEDxStockholm (TED é uma plataforma internacional que encoraja a circulação de novas ideias e opiniões). Com o zíper do moletom azul fechado até em cima, Greta faz um discurso de onze minutos e passa uma série de mensagens importantes que em pouco tempo serão compartilhadas por milhões de pessoas nas redes sociais. A mensagem mais importante é: vamos nos unir.

"Vá para a frente do prédio que representa seu governo em sua cidade todas as manhãs de sextas-feiras. Peça que a mudança comece agora." Para os que dizem que as crianças deveriam ficar na escola e estudar para resolver os problemas, Greta responde: "A ciência já nos mostrou o caminho, nós já temos os fatos e as soluções. Só precisamos acordar e mudar. E por que eu deveria estar estudando para um futuro que em pouco tempo não vai mais existir?" E, ao fim de seu primeiro TED *Talk*, Greta lembra à plateia: "Alguns dizem que [...] não importa o que fazemos. Mas acho que, se algumas crianças conseguem espalhar manchetes pelo mundo todo apenas por não irem à escola por algumas semanas, imaginem o que poderíamos fazer juntos se quiséssemos". É desta forma que a nova Nação Verde nasce oficialmente no nono minuto desse discurso, e milhares de estudantes levam o convite a sério: se preparam para organizar os comitês do *#FridaysForFuture* (#SextasPeloFuturo) em duzentos e setenta países, preparando e compartilhando materiais, informações, *slogans* e pedidos de ajuda. Greta já era a líder dessa consciência coletiva quando, em Davos, na Suíça, no dia 23 de janeiro de 2019, ela parou na frente das pessoas mais poderosas do mundo reunidas no Fórum Econômico Mundial e, sem demonstrar o menor sinal de medo, reiterou: "Eu gostaria que vocês sentissem pânico, o mesmo medo que eu sinto todos os dias". Os representantes a ouviram e alguém sugeriu anotar o que ela estava falando (não sem vestígios de constrangimento). Sua calma e sua autoridade conquistaram Christine Lagarde, diretora do Fundo Monetário Internacional (FMI), que postou no Twitter: "Jovens: continuem nos pressionando a fazer o que é certo".

A primeira greve global, em uma sexta-feira, 15 de março, levou 1,6 milhão de estudantes às ruas em mil e setecentas cidades ao redor do mundo. Imagens de manifestações pacíficas e coloridas, de Melbourne, na Austrália, a São Francisco, nos Estados Unidos, apareceram nas páginas de Greta em redes sociais com o Facebook, o Twitter e o Instagram. Os jovens se organizaram nas escolas e nas ruas, com muitos deles tendo lido o resumo do mais recente relatório emitido pelo Painel Intergovernamental sobre Mudanças Climáticas (IPCC, em inglês), que é o corpo delegado pela Organização das Nações Unidas (ONU) para estudar as mudanças climáticas. O relatório explica que restringir o limite do aquecimento global a 1,5°C talvez seja suficiente para ajudar a evitar consequências mais severas.

Analistas do mercado de ações já identificaram a força das preocupações ambientais em afetar os mercados globais. Em 2011, Milo Cress, um garoto americano de nove anos, iniciou uma campanha *on-line* contra canudos plásticos ("*Be Straw Free*", que significa, literalmente "liberte-se dos canudos"), obrigando o Starbucks e o McDonald's a agirem. O consumo alimentar de espécies protegidas (como o de barbatana de tubarão, na China) também diminuiu radicalmente nos últimos seis anos graças a campanhas de conscientização conduzidas por jovens nas escolas de Hong Kong. Como Greta nos orienta: "O que pudermos fazer, mesmo que sejam pequenas ações, será sempre útil - se fizermos juntos, poderemos obter grandes resultados."

A "responsabilidade" pelo mundo foi extremamente importante para mobilizar a Nação Verde, inspirar não apenas as pessoas no poder, aquelas que "instituem medidas impopulares de maneira imediata", mas também cada cidadão. O exemplo de Greta em se envolver completamente e transformar seu medo e sua preocupação em uma campanha que pede mudanças espalhou um recado muito preciso: a *#ClimateAction* (#AçãoPeloClima) se tornou, também, uma missão de cada um de nós: *#MyClimateAction* (#MinhaAçãoPeloClima). Estas ações respondem à questão levantada por Hoesung Lee, presidente do IPCC: "Limitar o aquecimento global a 1,5°C é possível em termos de Física. A tecnologia e as técnicas existem. A questão é se as pessoas e as sociedades são preparadas para apoiar os políticos para que tomem essas medidas".

A resposta dos jovens é que sim, nós somos.

CAPÍTULO 3

CIÊNCIA

UMA CASA EM CHAMAS: O EFEITO ESTUFA

Alfinetar a consciência coletiva sempre tem efeito na opinião pública. Pode ser positivo, quando acende a necessidade urgente de saber mais sobre o assunto e fazer algo; mas também pode ser negativo. Depois daquela sexta-feira, dia 15 de março, quando as imagens da capa de chuva amarela de Greta e das ruas lotadas por jovens estamparam as primeiras páginas dos jornais pelo mundo, muita gente começou a questionar o que estava por trás daquilo. E a surpresa se revelou: era a ciência que estava por trás de Greta. Trinta anos de ciência.

A Conferência das Nações Unidas sobre o Meio-Ambiente Humano, considerada a primeira grande conferência sobre meio-ambiente, aconteceu em Estocolmo em 1972. Em 1987, os países das Nações Unidas decidiram que seria um investimento valioso entender o que estava acontecendo com o planeta. A economia global era baseada principalmente no uso de combustíveis fósseis (substâncias orgânicas extraídas do solo, lugar onde haviam se formado milhões de anos antes) como petróleo, carvão e gás natural. Ao serem queimadas, tais substâncias produzem resíduos químicos que ficam presos dentro da atmosfera. Uma dessas substâncias, o dióxido de carbono, CO_2, tem uma característica muito própria: permite que a radiação do Sol penetre na atmosfera, mas prende o calor emitido pela Terra, aquecendo tanto a atmosfera quanto a superfície do planeta. Esse mecanismo, descoberto em 1824 pelo físico e matemático francês Joseph Fourier, é conhecido como "efeito estufa". No começo do século XX, o ancestral de Greta, o cientista vencedor do Prêmio Nobel Svante Arrhenius, chegou a calcular o que poderia acontecer caso a presença de dióxido de carbono na atmosfera aumentasse. O cientista deduziu que a temperatura na superfície terrestre realmente subiria – como Joseph Fourier havia comprovado décadas antes.

A Organização Meteorológica Mundial e os governos das Nações Unidas se uniram no final dos anos 1980 para criar o Painel Intergovernamental sobre Mudanças Climáticas (IPCC, em inglês), uma instituição que monitora e estuda o clima do planeta e avalia a situação a cada cinco ou seis anos. A missão do IPCC é "entender a base científica do risco da mudança climática induzida pela humanidade". O IPCC não conduz a pesquisa em si, mas a avalia, conferindo todas as variáveis, resultados e possibilidades antes de produzir um relatório que representa os fatos assim que eles são conhecidos. Mais de dois mil especialistas de oitenta países desenvolvidos e em desenvolvimento reúnem-se periodicamente para executar essa tarefa, produzindo cento e cinquenta mil artigos e debates sobre a pesquisa mais recente até então. Você conhece a famosa "última revisão", aquela segunda olhada que damos para evitar o erro? É o mesmo procedimento, só que multiplicado por cento e cinquenta mil. Então, quando um relatório do IPCC sai, nós podemos considerar que ele é confiável e qualificado, com toda a segurança.

Greta citou o relatório especial mais recente, *Aquecimento global de 1,5°C*, em um dos seus discursos, e afirmou: "De acordo com o IPCC, nós só temos onze anos para desfazer uma reação em cadeia que poderia ter consequências destruidoras e incontroláveis para a humanidade". Se continuarmos a queimar combustíveis fósseis no mesmo ritmo, mesmo levando em conta as políticas que já foram aprovadas para reduzir as emissões, a Terra pode aquecer em até 3°C até o fim deste século. Cientistas acham que um aumento tão prematuro resultaria no desaparecimento do gelo de superfície por pelo menos seis meses do ano, com todo o caos climático que resultaria disso: níveis do mar se elevando, secas, extinção de milhares de espécies de plantas e animais, e pânico.

Como podemos apagar o que Greta chamou de "casa em chamas"? O IPCC também declara que o equilíbrio de dióxido de carbono – a diferença entre os níveis de CO_2 produzidos pelo planeta e a quantidade removida por filtros naturais (as plantas) ou novas tecnologias – tem que ser zerado até 2050. Isso é absolutamente necessário para limitar o aquecimento do planeta a 1,5°C acima das leituras registradas antes da Revolução Industrial – e tal ação ainda é possível. Temos que exigir dos governos que reduzam as emissões de dióxido de carbono e sigam a agenda de desenvolvimento sustentável elaborada pela ONU para alcançar os alvos determinados por cientistas. Mas, acima de tudo, temos que nos perguntar o que podemos fazer neste exato momento.

Nos próximos capítulos, vamos tentar entender o que é desenvolvimento sustentável e vamos lançar uma nova *hashtag*, *#MyClimateAction* (#MinhaAçãoPeloClima), para pensar como cada um de nós pode agir. Não podemos ter medo de sermos poucos, ou de sermos pequenos: Greta também era.

CAPÍTULO 4

MUDANÇAS CLIMÁTICAS

QUE DIFERENÇA MEIO GRAU PODE FAZER EM NOVENTA ANOS?

Os mares estão ameaçando subir cerca de um metro até 2100 e os jovens estão começando a se erguer também, assumindo uma posição de enfrentamento para combater as mudanças climáticas. Eles já aprenderam um bocado sobre isso, muitas vezes na escola com seus professores bem informados, com a imprensa que tem trazido o assunto à tona e, ultimamente, nos sites e outras fontes na internet que surgiram a partir do *#FridaysForFuture* (#SextasPeloFuturo).

Quando lemos o último relatório especial do IPCC (que também é a fonte principal da pesquisa da Greta), o que os especialistas tem a dizer pode parecer complexo, mas o significado é claro. Se continuarmos a emitir as mesmas quantidades de dióxido de carbono na atmosfera no mesmo ritmo que fazemos atualmente, a Terra pode ficar pelo menos três graus mais quente do que os níveis pré-industriais até o fim deste século.

Um aquecimento dessa magnitude pode causar uma mudança extrema no clima: metade dos 5,5 milhões de quilômetros quadrados da Amazônia poderia desaparecer; algumas regiões do mundo teriam ondas de calor com maior frequência do que hoje, enquanto outras sofreriam uma quantidade maior de furacões e outros eventos climáticos destrutivos – como já está acontecendo no Sudeste Asiático. Secas, inundações e a elevação do nível do mar obrigariam milhões de pessoas que vivem em áreas costeiras em todo o mundo – sem mencionar nações inteiras, como as Maldivas – a migrarem de ilhas, costas e estuários.

O Acordo de Paris, que foi assinado em dezembro de 2015 e entrou em vigor no final de 2016, teve o apoio de cento e noventa e cinco países e relata inúmeras políticas para reduzir emissões de dióxido de carbono a serem adotadas até 2020, para garantir que o aquecimento global não exceda o limite necessário de 2°C acima dos níveis pré-industriais até 2100; também recomenda um nível ideal de 1,5°C. Por quê? Que diferença meio grau faria? O IPCC teve o trabalho de explicar, e em outubro de 2018 estabeleceu que meio grau faria uma enorme diferença. **"Se mantivermos o aquecimento global no nível máximo de 1,5°C, podemos reduzir a vulnerabilidade dos sistemas natural e humano."** Em outras palavras: o dano geral seria bem mais limitado do que com o aumento mesmo que de 2°C. E se formos sábios o suficiente para impedir este dano, teremos maior capacidade de nos adaptar.

QUAL É A DIFERENÇA ENTRE TEMPO E CLIMA?

Tempo é o estado da atmosfera em determinado lugar e momento: "Está chovendo em Belém hoje". Clima é o conjunto de condições meteorológicas e ambientais que caracterizam uma região geográfica, definido por períodos mais longos de tempo (pelo menos trinta anos). O clima pode ser representado pela temperatura média, por exemplo, ou pela amplitude típica na qual a temperatura pode variar: "O clima desta região é ameno".

O QUE SIGNIFICA "MUDANÇAS CLIMÁTICAS"?

De acordo com a Organização Meteorológica Mundial (OMM), mudanças climáticas são a variação no estado médio do clima e/ou sua variabilidade (descontando eventos extremos) em um período mais longo (trinta anos ou mais). Isso pode envolver aquecimento ou resfriamento global. As mudanças climáticas que estamos testemunhando no mundo são um conjunto de fenômenos que cientistas atribuem ao aquecimento global que é, em parte, antropogênico (ou seja, provocado por atividade humana). Em comparação ao período anterior à Revolução Industrial (que começou no final do século XVIII e culminou em meados do século XIX), a temperatura do planeta já subiu 1°C e pode chegar a mais 3/5°C até 2100 se não agirmos de forma imediata e decisiva para resolver as emissões de dióxido de carbono.

QUAIS SÃO OS PRINCIPAIS EFEITOS DAS MUDANÇAS CLIMÁTICAS?

Elevação nas temperaturas médias e no nível do mar na Terra, aumento das chuvas em algumas áreas e das secas em outras. Mudanças em hábitats e extinção de espécies de plantas, animais, aves e insetos. Maior pobreza e fome e maior disparidade econômica entre as nações. Migrações de pessoas em massa.

COMO PODEMOS IMPEDIR?

Cientistas dizem que temos que tentar alcançar zero emissões de carbono até 2030. Em outras palavras, temos que reduzir imediatamente nosso uso de combustíveis fósseis até que as emissões fiquem iguais ao total de dióxido de carbono absorvido na atmosfera por florestas e sistemas tecnológicos usados para "capturar" CO_2.

O QUE É NECESSÁRIO PARA REDUZIR EMISSÕES DE CARBONO?

Reduzir o uso de combustíveis fósseis. Precisamos de leis altamente restritivas contra o uso de combustíveis fósseis, combinadas com investimento (tanto público como privado) em novas tecnologias que podem produzir e distribuir energia renovável. Mudanças em hábitos que são populares em larga escala; redução do consumo; economia de energia; escolha de alimentos que sejam produzidos de forma responsável e comercializados de maneira justa. Quando tivermos a redução de emissões garantida, teremos que trabalhar juntos no plano de desenvolvimento sustentável já elaborado pela ONU com o objetivo de erradicar a pobreza ao redor do mundo todo. O bem-estar social e econômico do planeta inteiro é necessário para a proteção ambiental.

QUANTO TEMPO TEMOS?

Precisamos começar a reduzir as emissões imediatamente, num ritmo regular e constante. Quanto mais tempo perdermos tomando decisões provisórias que são insuficientes para alcançar esse objetivo, mais difícil vai ser reverter o aumento da temperatura para além de 1,5°C. Vai ser mais complexo e mais caro, com o risco adicional de os países do mundo em desenvolvimento terem dificuldade em acompanhar os países ricos.

CIDADE RESILIENTE

CAPÍTULO 5

O FORTE E O FRACO

RESILIÊNCIA: GARANTIR QUE ESTAMOS PRONTOS PARA AS EMERGÊNCIAS CLIMÁTICAS

O tufão Mangkhut atingiu a ilha de Luzon, nas Filipinas, com uma força recorde de 250 km/h na sexta-feira, 14 de setembro de 2018. Dois dias depois, já tinha percorrido a rota por Hong Kong e Taishan, no Sul da China. O mar subiu quatro metros em Hong Kong em questão de horas e engoliu praias inteiras – inclusive *resorts* litorâneos – e jogou barcos nas estradas. O vento fez arranha--céus oscilarem, derrubou milhares de árvores e um guindaste. O Observatório Meteorológico da antiga colônia britânica o chamou de "evento mais extremo que a cidade já testemunhou em termos de intensidade e danos". Dezoito horas depois do pico da tempestade,

Hong Kong já contava com trens e metrô a todo vapor novamente, o aeroporto estava funcionando e prédios públicos já haviam sido inspecionados. A defesa civil já tinha limpado as estradas principais, e escritórios e escolas reabriram um dia depois. Houve poucas ocorrências dentre as pessoas que não prestaram atenção aos conselhos transmitidos amplamente por toda a imprensa, pela televisão e pelos celulares, mas ninguém ficou seriamente ferido.

Os deslizamentos de terra e as inundações que vieram depois do tufão nas Filipinas continuaram a fazer vítimas e obstruir atividades na região durante semanas. O trauma foi tão grande que o governo pediu que o nome Mangkhut fosse removido da lista que os meteorologistas usam para designar tufões; era melhor esquecer.

O Mangkhut provocou mais de duzentas mortes nas Filipinas, seis na China e nenhuma em Hong Kong, e os fatos expostos acima resumem aquilo que os climatologistas (cientistas do clima) entendem por resiliência e por seu oposto, a vulnerabilidade.

Resiliência é a capacidade de uma área de aguentar um fenômeno natural. Localidades resilientes conseguem implementar planos de ação e organizar infraestruturas para proteger a população, o meio-ambiente e suas várias funções de eventos relacionados a mudanças climáticas. Para combater efeitos negativos, precisamos não apenas lidar com as causas principais (a "mitigação" sobre a qual cientistas falam), mas também fazer valer nossa capacidade de superar crises ("adaptação") e preparar a área para resistir aos choques naturais.

As mudanças climáticas não se manifestam da mesma forma em todas as áreas do planeta. Cientistas identificaram várias áreas de risco (chamadas de *hot spots*) ao redor do mundo: são áreas que já estão sofrendo – e vão continuar a sofrer – grandes impactos ambientais. Essas áreas incluem o Ártico, a Amazônia, partes da Indonésia, da Ásia Central e Oriental, além do Mediterrâneo. Basta considerar como o efeito do derretimento dos mantos de gelo árticos pode ser devastador durante as estações com períodos de temperaturas extremas, como foi enfatizado pela Agência Europeia do Ambiente (AEA). Não podemos esquecer da África; além do cotidiano da guerra em alguns países, as secas e as inundações causadas pelo desmatamento e pelas mudanças climáticas geram uma grande onda de migração humana, acontecimento que causa graves tensões nos sistemas sociais.

O QUE UM PAÍS PRECISA FAZER PARA AUMENTAR SUA RESILIÊNCIA?

Precisa investir pesadamente em:

1. Formas de prevenção contra os efeitos das mudanças climáticas, que podem culminar em eventos extremos repentinos (como enchentes) ou nas mudanças graduais que se dão a longo prazo (como as erosões costeiras causadas pela elevação do nível do mar);

2. Sistemas de aviso para manter a segurança da população e para prever eventos potencialmente perigosos;

3. Infraestrutura que permita que as pessoas vivam em segurança durante eventos climáticos extremos;

4. Fontes de energia renovável para manter baixas emissões de carbono e garantir independência de flutuação no preço e disponibilidade de combustíveis fósseis;

5. Educação, pesquisa e inovação para garantir que sempre estejamos prontos para enfrentar mudanças.

Na bicicleta, em sueco: A crise climática deve ser tratada como crise! O clima é o tema mais importante.

CAPÍTULO 6

DESENVOLVIMENTO SUSTENTÁVEL

A PONTE QUE IRÁ NOS SALVAR

Vamos imaginar por um momento que resolver o problema das mudanças climáticas é como atravessar um rio com correnteza muito forte sem ser carregado e sem cair na água. Primeiro, precisamos controlar o fluxo, diminuindo drasticamente o nível e a força da água. Depois, precisamos colocar rapidamente uma fileira de pedras ao longo do rio, uma atrás da outra, para formar uma passarela segura até o outro lado: missão cumprida. Agora, vamos transferir essa imagem para a estratégia de combate às mudanças climáticas (que, obviamente, é infinitamente mais complicada). De acordo com cientistas, a primeira coisa a fazer é acabar com o fluxo de emissões de carbono para chegarmos a um equilíbrio de zero o mais rápido possível, preferivelmente até 2030; sem isso, qualquer outra estratégia está destinada ao fracasso. Ela seria dominada, assim como nossos exploradores na margem do rio, pela força do efeito estufa provocado por aumentar as concentrações de CO_2. Como Greta observou: “Nós temos que deixar os combustíveis fósseis onde eles estão: no solo”.

Quando o fluxo for controlado, a estratégia da ponte deve ser implementada imediatamente, uma pedra após a outra. Quando tivermos procurado, encontrado e preparado as pedras corretas, temos que agir rápido – se pararmos de usar combustíveis fósseis, vamos precisar de alternativas eficientes. Nesse caso, a ponte seria a agenda de desenvolvimento sustentável da ONU e as pedras seriam as ações individuais para alcançar os objetivos do plano: investir na implementação de fontes de energia renovável; reduzir o consumo e a produção de resíduos poluentes; reciclar; proteger o meio-ambiente marinho; desenvolver métodos sustentáveis de agricultura e criação de animais; mudar hábitos alimentares; lutar contra a pobreza – para citar só algumas ações. Apenas construindo uma ponte firme com todas as pedras é que as nações do mundo podem terminar de executar a tarefa.

A ciência de nossos dias já declarou em todos os idiomas que este é o único caminho possível de seguir em frente. A próxima pergunta é: quem está cuidando disso? Quem vai bloquear o fluxo e recolher as pedras necessárias para levar todo mundo para o outro lado em segurança? De acordo com o IPCC, "a cooperação internacional é vital, junto com uma aliança com a sociedade civil, a indústria e a comunidade científica". E o que isso realmente quer dizer?

Cooperação internacional é a liderança sem a qual nada pode acontecer. Os países precisam encontrar jeitos de se apoiarem na busca por esse objetivo comum. Os países desenvolvidos precisam ajudar os que estão em desenvolvimento a cortarem as emissões sem ficarem para trás no crescimento socioeconômico, o que causará problemas adicionais ao equilíbrio interno, mas também ao global. Os mundos das finanças e das pesquisas, tanto públicos como privados, vão ter que pensar em termos do bem da comunidade internacional, não de nações únicas ou de investidores individuais. Só trabalhando juntos é que vamos conseguir bloquear o fluxo e construir a ponte.

Sociedade civil somos nós. Somos cidadãos de um mundo que está adoecendo, um mundo de pessoas que começaram a pensar somente agora que talvez devêssemos encontrar um jeito de ir para o outro lado do rio. Mas por sorte também somos um mundo de milhões de jovens que ergueram a voz em resposta ao chamado global de Greta. Seria fantástico se essa nova geração colocasse em prática – e ensinasse aos adultos – o que é necessário na vida cotidiana para chegar ao outro lado do rio em segurança. Eles já começaram: a *hashtag* #MyClimateAction (#MinhaAçãoPeloClima) aparece em milhares de postagem do Twitter, do Instagram e do Facebook com iniciativas, ideias e maneiras de promover o desenvolvimento sustentável.

Ciência, inovação tecnológica e indústria são os outros ingredientes essenciais. Cientistas precisam continuar a estudar métodos, projetar resultados de forma confiável e mostrar o caminho para governos, investidores e cidadãos. A indústria precisa colocar os interesses do planeta à frente de qualquer lucro. Greta foi claríssima ao enfatizar esse ponto: "Estamos sacrificando a biosfera pela riqueza de uma pequena parte da população. O sofrimento de muitos paga pelo luxo de poucos. O sistema não está dando certo e precisa mudar: nós temos que nos concentrar na igualdade".

CAPÍTULO 7

COMBUSTÍVEIS FÓSSEIS

A ENERGIA QUE TEMOS QUE SUBSTITUIR

Se este fosse um romance policial, seria um daqueles livros em que sabemos a identidade do assassino desde o começo. Os combustíveis fósseis sempre foram culpados pelo efeito estufa e, por isso, os principais suspeitos das mudanças climáticas ligadas ao aquecimento global. Não existe mais quase ninguém que vá dizer o contrário, pois atualmente a ciência tem mais de meio século de dados para comprovar a culpa dos combustíveis fósseis. A quantidade de dióxido de carbono na atmosfera está aumentando – continuamente – em proporção à queima de compostos orgânicos fósseis: carvão, petróleo e gás natural.

No começo do século XIX, os primeiros donos de fábricas britânicos descobriram que queimar carvão liberava tanta energia que podia fazer máquinas executarem o trabalho de centenas de homens: a Revolução Industrial tinha começado. Quem conhece narrativas e filmes que se passam na Londres daquela época sabe por que as neblinas eram chamadas de "sopa de ervilha" – a neblina era tão densa que não dava para ver a própria mão na frente do rosto (e a sopa de ervilha é bem grossa!). Os volumes de carvão queimados na época tiveram efeitos imediatos óbvios, não apenas por deixar o ar em volta das fábricas pioneiras da Inglaterra cinza-escuro, mas até por manchar as solenes paredes do Palácio de Buckingham com partículas liberadas (além do CO_2) pela combustão, o chamado material particulado fino e ultrafino. Efeitos similares também foram observados, em proporções diferentes ao longo dos séculos, como resultado da queima de petróleo depois da Segunda Guerra Mundial (1939-1945) e também da queima de gás natural.

Tendemos a associar combustíveis fósseis com tudo aquilo que eles imediatamente fazem funcionar nos dias de hoje, desde o combustível usado para fazer os aviões voarem até a manufatura de materiais sintéticos como plástico. No entanto, os combustíveis fósseis são obtidos dos depósitos de materiais orgânicos – plantas e animais, em outras palavras – que se formaram ao longo de milhões de anos por meio dos processos de decomposição, pressão e aquecimento embaixo da crosta terrestre. As substâncias principais dos combustíveis fósseis são petróleo, carvão e gás, e juntas somam cerca de 85% das fontes de energia do mundo.

Quando os combustíveis fósseis são queimados, o maior catalisador do efeito estufa, o dióxido de carbono, é liberado no ar. Todos os anos, nós geramos cerca de 21,5 bilhões de toneladas de dióxido de carbono. O sistema natural de dispersão de dióxido de carbono, as antigas florestas, podem absorver apenas metade disso. Isso quer dizer que a cada doze meses estamos acumulando 10,75 bilhões de toneladas de CO_2 no ar, quantidade que vai prender o calor na Terra de forma muito eficaz. É por isso que dar um basta nas enormes emissões dos combustíveis fósseis é a primeira medida emergencial a se tomar, como qualquer cientista pode afirmar. O famoso freio de mão que Greta quer que as pessoas no comando apliquem, sem precisarmos dizer duas vezes.

Embora o problema pareça simples, não é. Pense em qualquer atividade humana: transporte, construção, estradas, hospitais, agricultura, pesca, preservação de comida, indústria – desde a produção de energia até a fábrica que construiu a bicicleta que você usou para ir até a escola. Pense na extração de água potável e no transporte dela até nossas casas, na reciclagem de lixo: todos os empreendimentos que mantêm a sociedade funcionando dependem do uso de energia. Nossa existência diária nos capturou como reféns.

Como podemos escapar? A hora de negociar já passou. Precisamos de ações robustas, e essas ações precisam ser executadas por nossos líderes – uma intervenção coordenada por todo o mundo, invertendo as proporções de energia vinda de fontes não-renováveis (em outras palavras, combustíveis fósseis) e energia de fontes renováveis, como a hidrelétrica, eólica e solar. Além de novas fontes que têm sido pesquisadas nos anos recentes, como fontes de energia que não liberam CO_2 na atmosfera.

Cientistas têm uma enorme variedade de opiniões sobre o papel que a energia nuclear, que não é renovável, pode ter nessa fase de frear os combustíveis fósseis. No entanto, seu uso vem acompanhado de uma série de preocupações com a segurança (Vale lembrar, neste caso, o acidente nuclear de Fukushima, no Japão, ocorrido em 2011, e que contaminou o solo e o Oceano Pacífico, além de obrigar a população da cidade a abandonar suas casas.).

A China, que ainda lidera o mundo nos níveis de emissão de gás carbônico, já alcançou bons resultados; graças a investimentos em novas fontes de energia e a uma estratégia nacional rigorosa para reduzir o CO_2, o país conseguiu encolher a emissão de PM2.5 (que são as partículas finas liberadas com o dióxido de carbono quando os combustíveis fósseis são queimados) em 30% entre 2013 e 2016. É a maior nação que cumpriu os compromissos assumidos no Acordo de Paris, em alguns casos com adiantamento nos prazos. Em contraste, o segundo maior produtor de dióxido de carbono, os Estados Unidos (cuja população, meros 5% do total global, produz 25% das emissões do mundo) se retirou do acordo em 2017.

CAPÍTULO 8

ENERGIA RENOVÁVEL E LIMPA

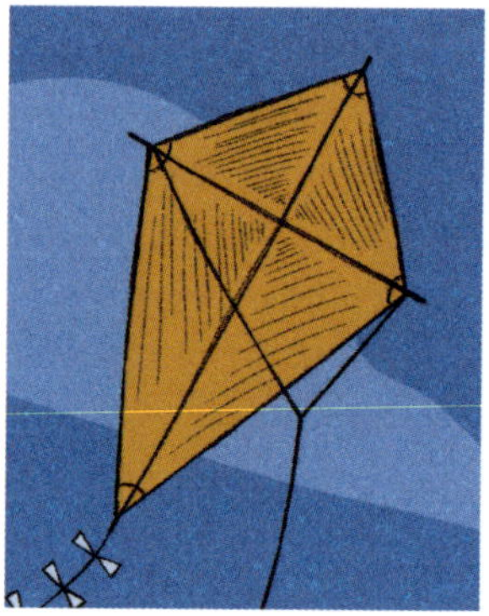

OS SUPER-HERÓIS QUE VÃO SALVAR O FUTURO DO PLANETA

Vamos fingir que nos livramos dos combustíveis fósseis. O que faremos agora? Como continuaremos a lidar com todas as coisas de que precisamos para viver, prosperar e ajudar quem precisa fazer as próprias economias crescerem? Felizmente, os combustíveis fósseis não são a única fonte de energia disponível: nós temos o Sol, o vento, a água e o calor que sobe das profundezas da Terra. Nós temos fontes de energia limpa e renovável.

De acordo com o IPCC, as fontes de energia renovável devem alcançar entre 70% e 85% das necessidades globais de energia até 2050. (No momento, a porcentagem de energia renovável utilizada fica em, no máximo, 23%.) Há mais de seis mil estudos científicos que sugerem que podemos chegar a valores maiores. Alguns misturam diferentes fontes de energia e soluções, e os cenários podem variar (prever o futuro não é nada fácil!), mas todos concordam sobre o mesmo fato: quanto maior o crescimento de fontes de energia renováveis, melhor o estado do planeta e mais ajuda vamos poder oferecer aos países pobres, que enfrentam incertezas porque não têm fontes confiáveis de energia. Pode parecer pouco plausível para nós, enquanto checamos novamente nossos *smartphones*, mas ainda há 1,4 bilhão de pessoas no mundo sem acesso à eletricidade. Tente imaginar como essas pessoas executam tarefas diárias como lavar roupas e louça, tomar banho, cozinhar, ler ou bombear água potável de debaixo da terra.

As usinas elétricas tradicionais produzem grandes quantidades de energia, mas são caras e muitas vezes construídas perto de cidades grandes. As novas tecnologias associadas à energia renovável nos permitem agir contra a principal causa das mudanças climáticas e, ao mesmo tempo, desenvolver a capacidade de áreas rurais remotas ou de países inteiros de terem acesso a fontes de energia seguras e independentes. As pesquisas sobre tecnologias que são cada vez mais leves, mais efetivas e mais eficientes vão permitir que isso aconteça. O investimento nesses setores não só melhora a qualidade do ar, mas também promove o desenvolvimento sustentável. Além das fontes renováveis clássicas, a ciência também está explorando novos jeitos de obter energia, livres de emissão de CO_2, para transformar matéria em energia, com resultados extraordinários. As técnicas que oferecem os resultados mais promissores – e, acima de tudo, verdes – incluem a eletrólise da água (a eletrólise acontece quando uma corrente elétrica passa pela água, separando-a em hidrogênio e oxigênio).

QUAIS SÃO AS CLÁSSICAS FONTES DE ENERGIA LIMPAS E RENOVÁVEIS?

Energia geotérmica. É extraída do calor produzido nas profundezas do nosso planeta. Costuma ser capturada e usada para aquecer ou resfriar, mas também pode ser usada para gerar eletricidade. O primeiro gerador de energia geotérmica foi testado em Larderello, Itália, em julho de 1904, mas a Califórnia é agora uma das líderes na exploração dessa forma de energia. Dentre os países que atualmente obtêm mais de 15% das suas necessidades de energia das fontes geotérmicas estão Islândia, Costa Rica, Filipinas, El Salvador, Quênia e Nova Zelândia.

Energia hidrelétrica. É gerada pelo movimento da água, seja correndo ou caindo de uma grande altura. Pode ser coletada de rios ou gerada com a construção de barragens nas quais a água se acumula em dois níveis diferentes. Nos dias atuais é usada principalmente para gerar eletricidade, mas já foi utilizada para fazer trabalho mecânico (em moinhos, para moer trigo até virar farinha, por exemplo). É a principal fonte de energia no Brasil. Quase 90% da eletricidade produzida no país vem da força dos extensos e caudalosos rios brasileiros. Porém, em razão do alto custo de produção e do impacto socioambiental que a construção de barragens e usinas pode causar, o modelo hidrelétrico vem sendo questionado. Ainda assim, é a principal fonte de energia renovável no mundo (70%) e já chega a 17% das necessidades globais.

Energia solar. A luz do Sol capturada com tecnologia fotovoltaica (painéis normalmente instalados nos telhados de casas e fábricas ou em superfícies amplas) é concentrada e transformada em eletricidade. A energia solar tem grande potencial, porque as estruturas necessárias não são difíceis de instalar, mesmo em superfícies pequenas, e podem trazer benefícios sociais e econômicos à áreas remotas. Mas ainda há um problema a ser resolvido: o armazenamento de energia, para que reservas possam ser acumuladas. Cientistas estão trabalhando na forma mais efetiva de manter constantes os níveis de força suficiente para cobrir todas as necessidades. O primeiro painel solar fotovoltaico foi exibido em Paris em 1897, mas não fez sucesso; o carvão era a fonte de energia preferida na época.

Energia eólica. A energia cinética (energia produzida por movimento) do ar pode ser transformada em eletricidade usando grandes turbinas, e parques eólicos capazes de capturar o fluxo do ar foram construídos em terra e no meio do mar. A técnica não gera emissões de gás carbônico, mas, assim como os sistemas de energia solar, sofre com as mudanças no tempo, e ainda é preciso melhorar as tecnologias utilizadas para armazenar a energia por períodos mais longos. A energia eólica, que atualmente cobre 4,4% da energia usada em todo o mundo, está de vento em popa e é considerada uma das fontes de energia com mais potencial. No Nordeste do Brasil, quase 90% da energia consumida são geradas por essa fonte renovável.

Energia marinha. Assim como com o vento, a energia cinética da corrente marinha é capturada com turbinas que a transformam em eletricidade. A energia também pode ser extraída dos oceanos por movimentos de onda e pelas diferenças na composição química da água. Muitos projetos em andamento nesse setor ainda estão para ser finalizados. A técnica não produz emissões, mas pode ter efeitos prejudiciais aos hábitats marinhos.

CAPÍTULO 9

ÁGUA POTÁVEL

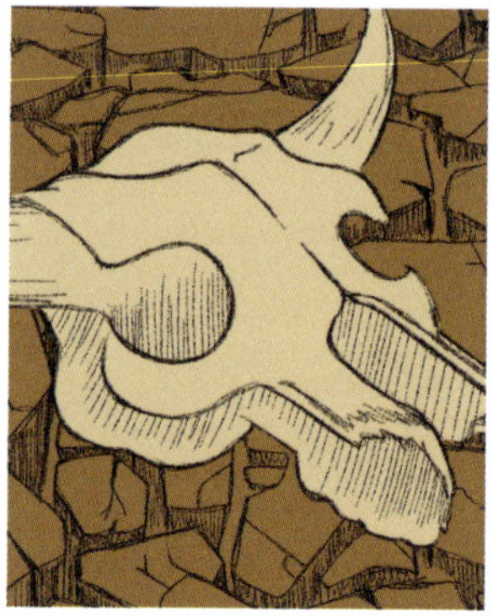

TECNOLOGIA PARA SALVAR DOIS BILHÕES DE PESSOAS

A água potável é o novo petróleo? Essa pergunta foi feita de maneiras variadas pelo jornal britânico *Financial Times*, por gerentes de investimentos de longo prazo de bancos internacionais e por legisladores, e muitas empresas globais compraram fontes do precioso líquido na última década. Até a família Bush, do ex-presidente dos Estados Unidos, colocou a mão no bolso para comprar direitos de acesso ao Aquífero Guarani (uma camada de rocha que armazena água), um dos maiores do mundo, que fica embaixo do solo do Paraguai, do Brasil, do Uruguai e da Argentina. *Sigam o dinheiro*, como dizem. Quando grandes investimentos estão sendo feitos, sabemos que algo é interessante aos mercados, e a demanda por esse bem específico só vai aumentar. O problema, no caso, é que a demanda se chama sede.

A água cobre 70% da superfície do planeta (a mesma porcentagem que temos no corpo), mas só uma pequena fração dela é potável. Em teoria, há o suficiente para todo mundo, mas existem dois grandes problemas: governos ineficientes em tornar a água acessível e as mudanças climáticas. Com a colaboração internacional, a porcentagem da população mundial com acesso a uma fonte de água potável aumentou de 70% para 90% em 15 anos (1990-2005). No entanto, a Organização Mundial da Saúde (OMS) declara que há atualmente mais de dois bilhões de pessoas no mundo sem água. Esse número incrivelmente alto inclui duzentos e sessenta e três milhões de pessoas (a maioria mulheres e crianças) que precisam andar por horas todos os dias para chegar à fonte mais próxima de água em relação ao lugar onde moram. Tudo isso tem um custo, não só em termos das vidas que leva (trezentos e sessenta e um mil crianças com menos de cinco anos morrem todos os anos por conta de doenças relacionadas a beber água contaminada), mas também nos efeitos social e econômico: mulheres e crianças passam a maior parte do dia andando até poços para garantir a sobrevivência da família em vez de estarem estudando ou trabalhando. A falta de água potável é um dos pontos principais da agenda pelo desenvolvimento sustentável. Se puder ser resolvido, outras questões fundamentais serão alavancadas: educação, infâncias mais bem cuidadas e mais liberdade para as mulheres, além de segurança e erradicação da pobreza.

De acordo com o IPCC, as mudanças climáticas já afetam o acesso a fontes globais de água, tanto em termos de quantidade quanto de qualidade da água potável disponível. O derretimento da cobertura permanente de gelo está perturbando o equilíbrio hidrogeológico (o equilíbrio de água subterrânea) das grandes regiões do planeta, com consequências desastrosas para as áreas ao redor. Os padrões das estações de chuva e das precipitações (queda de chuva) já mudaram em frequência e intensidade, gerando estações secas ou inundações repentinas em áreas que eram mais estáveis. Outras regiões, já vulneráveis como resultado de condições sociais e econômicas, agora se tornaram dependentes de ajuda externa para sobreviverem à falta de água crônica. Além das variáveis climáticas, os maus governos das áreas mais afetadas estão provocando sede e doenças. Na ausência de uma gerência adequada da água, por exemplo, até as fontes de água disponíveis vão ficar poluídas, e assim, impossíveis de serem utilizadas e ativamente danosas. Nós precisamos de monitoria adequada, controle rigoroso e investimento transparente. A ONU tem um objetivo de acesso a água potável e segura para todo o mundo até 2030 e trabalha extensivamente em áreas como a África e a Ásia Central, Meridional e o Sudeste Asiático.

A ciência e o desenvolvimento de fontes limpas de energia podem ajudar aqui também. Na primeira instância, mitigando os efeitos das mudanças climáticas e ajudando a cortar as emissões de gás carbônico, como aprendemos. E, enquanto isso acontece, também podem resolver os problemas de adaptação às mudanças e ajudar as pessoas a viverem vidas melhores imediatamente. Um lindo romance chamado *O menino que descobriu o vento* virou filme e conta como o adolescente William Kamkwamba salvou seu vilarejo no Malauí, na África, da fome provocada pela alternância de inundações (resultado, em parte, do brutal desmatamento) e secas. Ele construiu um moinho de vento usando peças da bicicleta do pai, um dínamo e velhas baterias de carro. Munido apenas deste pequeno cata-vento, o menino conseguiu gerar energia suficiente para bombear água do subterrâneo, irrigando parte de um campo e plantando o suficiente para alimentar cerca de vinte pessoas: habitantes que continuaram morando no vilarejo mesmo depois que muitos tinham ido embora. Depois que essa história se espalhou graças a um TED *Talk* (o mesmo programa para compartilhar ideias inovadoras que recebeu Greta), William pôde estudar engenharia ambiental nos Estados Unidos e agora planeja livrar sua terra da falta de água, construindo pequenas estações de energia solar e eólica em vilarejos. A revista norte-americana *Time* incluiu o nome de William Kamkwamba na lista de "30 com menos de 30", que cita os jovens mais influentes do mundo.

CAPÍTULO 10

LIXO E RECICLAGEM

NOSSO LIXO ESTÁ AJUDANDO A ELEVAR A TEMPERATURA DO PLANETA

"Vocês dizem que amam seus filhos acima de tudo, mas estão roubando o futuro deles na frente deles", lembrou Greta aos líderes mundiais (e adultos em geral). Os números falam por si: de acordo com um relatório do UNICEF (Fundo das Nações Unidas para a Infância) divulgado em outubro de 2016, uma a cada sete crianças no mundo todo está respirando ar tóxico contaminado com poeira fina, dioxinas, dióxido de enxofre e outros poluentes mais. "A comunidade mundial deveria minimizar a exposição a poluentes o mais rápido possível", afirma Anthony Lake, diretor executivo do UNICEF. Os combustíveis fósseis e os gases tóxicos na gestão de resíduos estão no topo da lista. O que conecta essa emergência às mudanças climáticas?

O termo "gestão de resíduos" aparece com frequência em relatórios sobre mudanças climáticas, mas a conexão pode não parecer tão direta à primeira vista. Mas paremos um momento para pensar, e tudo vai se tornar óbvio: uma quantidade enorme de energia é usada para fabricar objetos que jogamos fora. Para fazer a lata na qual alguém acabou de beber, alumínio foi extraído de uma mina, talvez na Austrália, e depois processado em uma série de etapas diferentes até estar no formato *lata*. A lata foi transportada, provavelmente por navio ou avião, até uma fábrica a milhares de quilômetros, onde foi preenchida com nossas bebidas favoritas. Outro meio de transporte a levou até o supermercado ou até a lanchonete perto de nossa casa. Ao jogarmos a lata fora, nós ajudamos a aumentar o nível de dióxido de carbono no ar e, portanto, ajudamos a aumentar as mudanças climáticas em proporção à quantidade de energia usada para tornar todo esse ciclo possível.

Quantidades de energia usadas: esta é a chave. Como podemos usar menos energia para fazer a lata na qual vamos beber da próxima vez? O IPCC confirmou que a produção primária de um objeto usa de quatro a cinco vezes mais energia do que uma manufatura secundária. A produção primária é fazer algo de materiais extraídos da fonte original (por exemplo, cortar árvores para fazer papel); a manufatura secundária é quando o item é criado a partir de materiais reciclados. No caso do alumínio, cujos custos de extração são extremamente altos em termos de energia, essa proporção aumenta de um para quarenta: ou seja, produzir uma tonelada de alumínio extraindo-o do solo usa quarenta vezes mais energia do que produzir a mesma tonelada de alumínio reciclado.

Portanto, reciclar é uma das formas mais importantes de ajudar a neutralizar os efeitos das mudanças climáticas, embora consumir menos, de um modo geral, ainda seja a principal forma de encampar uma mudança. Consumo maior significa maior uso de energia para obter matérias-primas, produzir bens e transportá-los a mercados por todo o mundo (sem dúvida embrulhados em um belo pacote que, por sua vez, passou pelo mesmo processo de fabricação, com custo proporcional em energia). Além disso, tudo que jogamos fora (a não ser que seja separado e reciclado de forma adequada) representa mais emissão de quantidades consideráveis de gases que incluem o metano, um elemento produzido pela decomposição de lixo orgânico que contribui para o efeito estufa bem mais que o do dióxido de carbono.

Infelizmente, o lixo pode liberar outros elementos altamente tóxicos no ar e na água além do metano, se precauções não forem tomadas. O consumo per capita (a quantidade de bens consumida por cada cidadão) tem aumentado em países desenvolvidos, e o consumo em massa aumentou radicalmente em países em desenvolvimento. Aumenta rapidamente também nas cidades que daqui a poucos anos serão habitadas por milhões de pessoas – que, por sua vez, vão produzir uma quantidade enorme de lixo. Enquanto alguns países emergentes (principalmente a China e a Índia) estão investindo maciçamente em tentativas de resolver a questão do lixo de forma tecnologicamente adequada, outros países estão ficando para trás, e grandes regiões estão carregando o peso das enormes quantidades de emissão danosa geradas na fabricação e no descarte de produtos. Além da África, a Ásia Meridional e o Sudeste Asiático são as regiões mais afetadas.

CAPÍTULO 11

PLÁSTICO

O ASSASSINO INVISÍVEL QUE PODEMOS DETER

Canudos, hastes flexíveis para limpeza dos ouvidos, talheres, pratos, copos e até palitos de prender balões de festa – todos esses produtos descartáveis de plástico (que somam mais de 70% do lixo encontrado em praias) serão banidos nos países da União Europeia a partir de 2021. Até 2029, 90% das garrafas de plástico terão que ser devolvidas para o fabricante por um sistema de depósito parecido com o que já existe para garrafas de vidro. A Europa está agindo para reduzir o maior poluente dos sistemas marinhos (e, portanto, do planeta em geral): o plástico.

Este material extremamente flexível foi inventado setenta anos atrás e revolucionou a forma como toda a população do mundo vive até hoje. Permitiu a fabricação de itens (inteiros ou em partes) que se tornaram essenciais para o crescimento da sociedade, de embalagens de alimentos (que permitem que eles sejam transportados em condições higiênicas e estáveis) a modos de transporte disponibilizados para todos. O plástico e o petróleo (o plástico é feito a partir de petróleo) abriram o potencial industrial de países ocidentais e ambos contribuíram para a ascensão dessas economias. Atualmente, oito milhões de toneladas de plástico são espalhados pelos mares e oceanos todos os anos, com o lixo da terra carregado para o mar pelos grandes rios do mundo, principalmente os da Ásia e da África.

O plástico é o ingrediente principal do lixo encontrado no mar. Todos já vimos imagens de baleias encalhadas com quilos de lixo no estômago, de tartarugas perseguindo sacos plásticos achando que eram comida, de aves alimentando os filhotes com pedaços pequenos de plástico, confundindo-os com formas de vida coloridas – e resultando na morte prematura da ninhada. As praias cobertas de lixo atraem milhares de jovens organizados pela campanha *#CleanTheBeach* (#LimpemAsPraias) nas redes sociais, enquanto uma gigantesca ilha de lixo, feita principalmente de plástico, flutua em um turbilhão de correntes marinhas do Oceano Pacífico, entre a Califórnia e o Havaí, e não para de crescer, superando em três vezes o tamanho da França. Mas isso é só a ponta do *iceberg*.

Caso recolhêssemos todos os pedaços de plástico visíveis a olho nu, as partes mais perigosas ainda restariam como poluentes. O plástico não se decompõe exposto à luz do Sol; só é fragmentado em partículas pequenas que cientistas chamam de micro e nanoplásticos. Os humanos às vezes fabricam plásticos pequenos assim e os incluem em produtos como cosméticos; as partículas quase invisíveis são absorvidas pela água corrente e entram diretamente no sistema de esgoto, no fim do qual os métodos de filtração não captam mais do que 90%. O restante não só causa poluição, mas pode atrair contaminantes químicos e bacterianos, metais pesados e outras substâncias que, uma vez dentro da cadeia alimentar (esses plásticos são do mesmo tamanho do plâncton), podem resultar em problemas de saúde que são tão sérios para as criaturas marinhas e para os seres humanos.

Além de legislações aprovadas recentemente, a boa notícia é que nós, como indivíduos, temos o poder de reduzir nosso consumo de plástico. Podemos fazer isso reciclando, claro, porém, mais do que tudo, usando o mínimo de plástico possível. Podemos, por exemplo, optar sempre por água filtrada em vez de água mineral das garrafinhas plásticas descartáveis (e, caso seja necessário, carregá-la em garrafas de vidro ou de inox). Podemos escolher comprar produtos livres de plástico e usar objetos feitos de materiais biodegradáveis. Podemos fazer nossas compras em mercados utilizando embalagens retornáveis.

CAPÍTULO 12

BIODIVERSIDADE

DE UM POLO A OUTRO, SOMOS TODOS VIAJANTES DO PLANETA TERRA

Mais uma voz poderosa se ergueu para se juntar à da jovem Greta antes de uma reunião de políticos e economistas no Fórum Econômico Mundial, e rapidamente se espalhou. Pertencia a Sir David Attenborough, de noventa e dois anos, autor e documentarista de História Natural, que fala há sessenta anos sobre "as criaturas maravilhosas com as quais dividimos nosso planeta". Sir David sempre lutou para chamar atenção aos danos e riscos aos quais a "biodiversidade" é exposta – uma palavra peculiar para definir todos os outros passageiros nessa preciosa espaçonave, a Terra.

"Eu sou literalmente de outra era", lembrou ele em Davos, na Suíça. "Nasci durante o Holoceno, nome dado ao período de doze mil anos de estabilidade climática que permitiu aos humanos se estabelecerem, plantarem e criarem civilizações. Agora, no período de uma vida humana, o período da minha vida, tudo isso mudou. O Holoceno terminou. Nós mudamos tanto o mundo que cientistas dizem que estamos agora em uma nova era geológica, o Antropoceno, a Era dos Humanos". Mas agora, "nós nos unimos como seres humanos para salvar a biodiversidade. Ninguém consegue fazer isso sozinho porque nós vivemos em um sistema único, estamos todos ligados para fazermos escolhas fundamentais de combate às mudanças climáticas. O modo como agirmos agora vai ter efeitos profundos que vão ter repercussão por milênios no futuro".

As consequências das mudanças climáticas para a biodiversidade foram abordadas no quinto relatório do IPCC, que concluiu: "uma grande fração de espécies terrestres, de água doce e marinhas enfrenta o risco cada vez maior de extinção no cenário de mudanças climáticas previsto". Preservar os ecossistemas terrestres nos continentes, nos mares e nos rios é essencial para a sobrevivência de todas as espécies, inclusive a nossa. A floresta tropical amazônica, por exemplo, é um tesouro de biodiversidade, com muitas espécies ainda a serem descobertas e registradas; representa um dos meios naturais principais para controlar as emissões de dióxido de carbono, graças à capacidade de filtragem do seu verde. Não protegê-la, permitindo que o desmatamento continue, significa prolongar a ameaça a esse ecossistema especial e perder a oportunidade de reduzir uma porção significativa de CO_2 presente na atmosfera, passo vital para desacelerar o ritmo do aquecimento global.

As regiões onde os efeitos das mudanças climáticas no ecossistema são sentidos de forma mais evidente são o Ártico, a Grande Barreira de Coral na costa da Austrália e a Amazônia. Uma área que foi degradada – com sua flora e sua fauna destruídas – também é uma área mais vulnerável. Vejamos os mangues, que estão correndo risco não só por causa da elevação do nível do mar, mas também pela exploração de áreas costeiras para fins industriais e comerciais. Com sua estrutura imponente de troncos nas margens, acima de um emaranhado sólido de raízes submersas, essas plantas protegem as populações costeiras do Pacífico, da América do Sul e da África Equatorial dos efeitos de inundações e de tempestades que estão se tornando cada vez mais frequentes, e garantem o equilíbrio do ecossistema, oferecendo abrigo e alimento para espécies de peixes que sempre foram a base das economias locais. Perder tudo isso significa perder oxigênio, tanto no ar quanto na sociedade.

O derretimento das geleiras também está ameaçando o hábitat e a sobrevivência de muitas espécies; o caso dos ursos polares é bem conhecido, com alguns obrigados a nadar por distâncias excessivas para encontrar um pedaço de gelo sólido e outros que têm dificuldades sérias para caçarem para si e seus filhotes. O aquecimento dos oceanos também resultou no branqueamento dos corais, a morte progressiva dessa formação rochosa submersa, que perde a coloração quando a vitalidade acaba. As mudanças nas temperaturas das correntes de ar e das chuvas têm um efeito adicional, porque interferem com eventos anuais e periódicos que são típicos de certas espécies, como a migração de aves.

Preservar a biodiversidade também significa pesquisá-la. Como podemos proteger algo que não compreendemos? Muitos estudos nesse campo são feitos graças ao entusiasmo de países como a Austrália e a Nova Zelândia, que consideram a biodiversidade um "valor agregado de importância nacional" e estão investindo milhões de dólares em um estudo conjunto que procura mapear todas as espécies em sua massa de terra, inclusive aquelas a serem descobertas. O conhecimento, como Sir David Attenborough espera, vai fazer com que nos entendamos melhor para podermos seguir um caminho mais sábio nesta nova era.

CAPÍTULO 13

TORNAR A AGRICULTURA, A PECUÁRIA E A PESCA SUSTENTÁVEIS

DESPERDIÇAR MENOS, PRODUZIR MAIS E PROTEGER A TERRA PARA ALIMENTAR O MUNDO

Se queremos alimentar uma população que deve chegar a 9,3 bilhões de pessoas até 2050 – dois bilhões a mais do que hoje –, cientistas acreditam que teremos que reimaginar a agricultura global em termos de eficiência e preservação do ecossistema. Para combater a fome, vamos ter que aumentar a produção em 60%, globalmente, e duplicar a produção dos países desenvolvidos.

De acordo com a FAO (Organização das Nações Unidas para Alimentação e Agricultura, em inglês), uma média de 23,7 milhões de toneladas de alimentos são produzidos diariamente em todo o mundo: 19,5 milhões de toneladas de cereais, raízes, tubérculos, frutas, leguminosas, legumes e verduras; 1,1 milhão de toneladas de carne; e 2,1 bilhões de litros de leite. Cerca de quatrocentas mil toneladas de peixe são tiradas diariamente do mar ou produzidas na piscicultura. Cerca de 9,5 bilhões de metros cúbicos de madeira são cortados de florestas e, no mesmo dia, mais de 7,4 trilhões litros de água são usados para irrigar campos cultivados, com trezentas mil toneladas de fertilizantes jogados em cima. O valor total desse dia médio de produção agrícola de alimentos foi estimado pela FAO como perto de sete bilhões de dólares e o setor emprega um terço da força de trabalho mundial.

São números impressionantes, e, para além deles, a agricultura, a criação de animais e de peixes têm papel fundamental em áreas rurais e em regiões costeiras menores, onde mantêm comunidades unidas e alimentam a cultura local. Muitas tradições são inspiradas por contos épicos sobre a seca ou sobre a fome, inundações ou tempestades, e sua força narrativa está nas descrições de como algum personagem dentre todos os outros consegue salvar vilarejos inteiros ou tripulações de barcos de ameaças apocalípticas. A produção de alimentos é tão intrínseca à cultura humana quanto nossa capacidade de contar histórias.

O que podemos fazer para aumentar a produção de alimentos e aderir aos nossos objetivos de cortar as emissões de poluentes? Além de mudar nossa dieta, precisaremos reduzir o desperdício de alimentos e investir em tecnologias que minimizem o impacto ambiental de produzir comida – poupar água, por exemplo, calculando exatamente o quanto é necessário para a irrigação com base em variáveis que mudam rapidamente, como o vento, a umidade e as horas de luz do Sol. Há um aumento regular no número de patentes para aplicativos relacionados a drones nos Estados Unidos, e eles estão sendo usados para monitorar plantações e fazendas inteiras, oferecendo e processando dados úteis para que a produção possa ser gerenciada com mais precisão e o desperdício de água potável e de energia seja reduzido. A agenda da ONU para o desenvolvimento sustentável prevê investimentos em sistemas de cultivo resilientes para combater a falta de alimentos em países em desenvolvimento até 2030. Isso não apenas significa que a agricultura e a pecuária vão ter que se tornar mais eficientes (em outras palavras, produzir mais a partir de um espaço determinado de terra), mas também que o ecossistema original vai ter que ser preservado, porque vai ajudar a terra a responder aos efeitos das mudanças climáticas. A agricultura sustentável está no centro da luta para acabar com a fome mundial e salvar o planeta.

A FAO supervisiona programas prolongados que abordam a sustentabilidade em uma série de setores, inclusive agricultura, pecuária e pesca. Como o último relatório enfatizou, chegou a hora de fazer todos os países e setores trabalharem juntos em uma abordagem integrada para a mútua sustentabilidade. O que isso quer dizer? Que temos que aprovar legislações internacionais que impeçam que a agricultura destrua o ecossistema de uma região, como acontece periodicamente nas florestas da Indonésia, resultado do comércio do óleo de palma.

Isso significa que temos que permitir que as populações de peixes se recuperem, como já acontece no Mediterrâneo, enquanto também permitimos que as comunidades locais continuem pescando para sustento próprio, por métodos tradicionais e em pequena escala comercial. Significa que cuidar das nossas terras, mares, bosques e florestas e impedir a poluição não sejam apenas obrigações regidas pela legislação, mas ações executadas pelo interesse de indivíduos que desejam viver em regiões seguras e viáveis. Em essência, significa começar a pensar em termos do que vai trazer benefício a todos, e não apenas a indivíduos isolados.

CAPÍTULO 14

A DIETA QUE VAI CURAR O PLANETA

MUITAS FRUTAS, LEGUMES, VERDURAS E LEGUMINOSAS, MAS SEM ABRIR MÃO DE NADA

Sabemos que é necessário reduzir drasticamente a produção de carne vermelha (principalmente de boi e de cordeiro), cujo custo médio é vinte vezes maior em termos de emissões de poluentes e uso de terra do que produzir outras formas de proteína (como proteína vegetal). Uma reforma radical na agricultura e na pecuária e uma reflexão sobre nossas dietas são identificadas pelo IPCC como necessárias para alcançar o objetivo de limitar o aquecimento global a +1,5°C. Vamos ter que comer menos carne vermelha e também impedir que a criação de animais em larga escala continue a destruir trechos enormes de florestas em taxas cada vez maiores. Proteger as florestas significa proteger sua capacidade de absorver o dióxido de carbono presente na atmosfera. De acordo com o IPCC temos, portanto, que restringir imediatamente a demanda de alimentos cuja produção aumenta as emissões de CO_2 e guiar o mundo para uma dieta mais saudável e mais sustentável – ideias que andam de mãos dadas com o conselho amplamente difundido de consumir alimentos da safra da estação para evitar o custo (em termos de emissões de poluentes) de transportar, digamos, morangos em novembro ou enviar um litro de leite australiano para Pequim.

Há uma boa notícia: para salvar o planeta, não vamos ter que abrir mão das nossas comidas favoritas para sempre (a não ser que você seja fã de sopa de barbatana de tubarão, claro!). Um estudo recente publicado no periódico científico *The Lancet* identificou uma dieta que pode limitar as mudanças climáticas e contribuir para o desenvolvimento sustentável se for seguida pela maioria da população do mundo. Os trinta e sete cientistas que formam a Comissão *EAT-Lancet* a chamou de "dieta saudável planetária" e declarou que ela pode ajudar a salvar 11,6 milhões de vidas por ano enquanto, ao mesmo tempo, ajuda a alcançar os objetivos determinados no Acordo de Paris. A dieta sugere restringir o consumo de açúcar e carne vermelha o máximo possível e, ao mesmo tempo, dobrar o consumo de frutas, verduras, legumes, leguminosas, sementes e frutas secas.

A dieta saudável planetária permite cerca de duas mil e quinhentas calorias por dia, divididas por todos os grupos alimentares e calculada de acordo com a necessidade da população média. A ideia básica é que pelo menos metade do nosso prato seja ocupado por verduras folhosas, junto com outras verduras, legumes e frutas. Além disso, podemos consumir proteínas vegetais (com leguminosas como origem, mas também frutas secas e sementes), e não precisamos renunciar completamente a produtos de origem animal: derivados do leite, ovos e carne são permitidos em pequena quantidade. Os que já seguem dietas moderadamente equilibradas vão reparar as muitas similaridades com o que a ciência alimentar já considera a mistura mais saudável possível. A dieta planetária recomenda o consumo de até 500 g de frutas, legumes e verduras por dia (composto de 300 g de legumes e verduras e 200 g de frutas), combinado com 250 g de derivados do leite (totalizando duas porções de iogurte ou um copo de leite), 230 g de cereais integrais (arroz, trigo ou outros), 75 g de leguminosas, 50 g de óleo vegetal (melhor do que azeite de oliva) e 50 g de frutas secas. A carne vermelha é permitida uma vez por semana em quantidades moderadas (cerca de 100 g), assim como 200 g de peixe, 200 g de frango e 2 ovos.

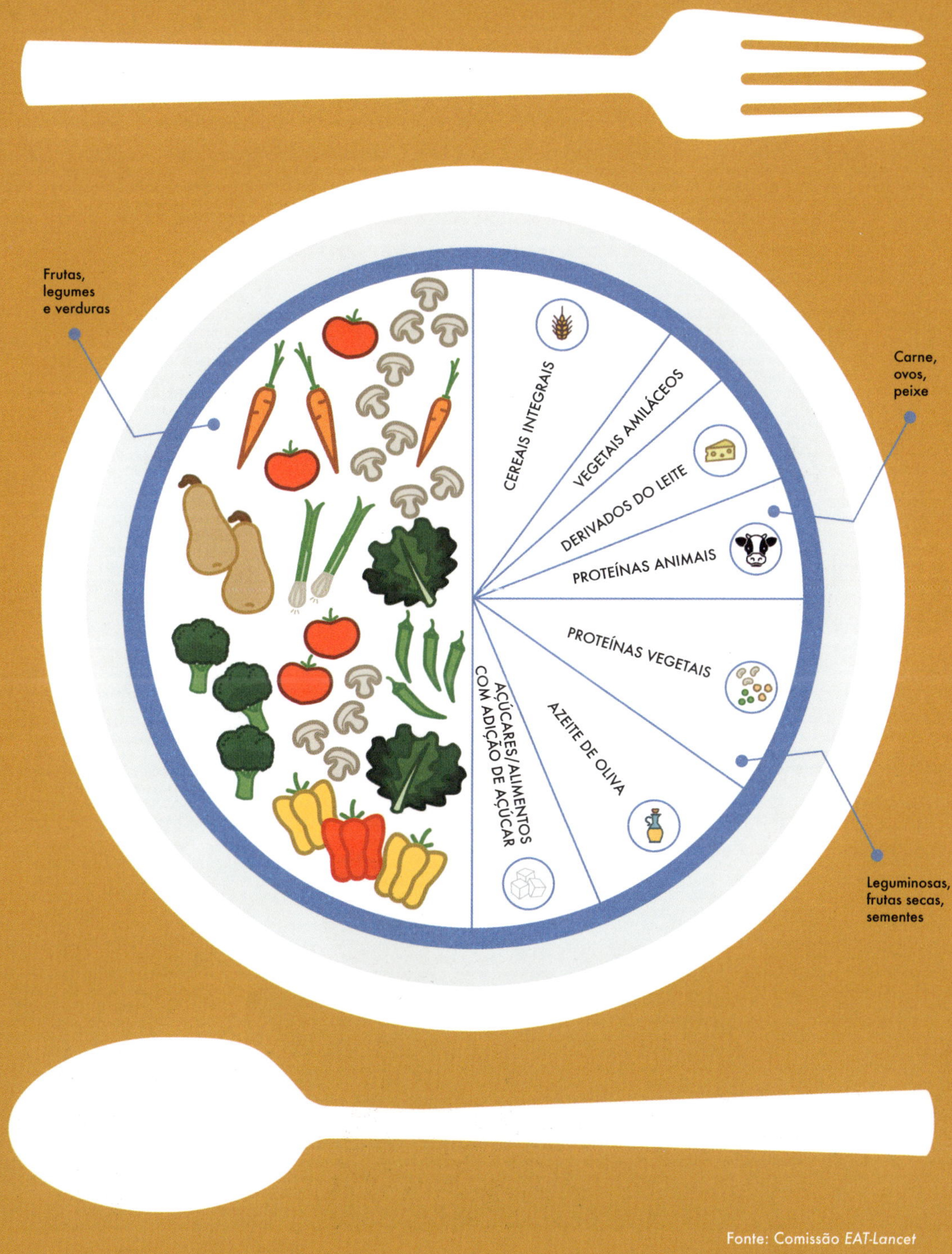

Fonte: Comissão *EAT-Lancet*

CAPÍTULO 15

MORANDO NAS CIDADES

A ALTERNATIVA ECOLÓGICA AOS CENTROS URBANOS

Mais de metade da população mundial mora em cidades; na Grã--Bretanha e nos Estados Unidos, são mais de 80% da população total. Tornar a vida em metrópoles sustentável é um desafio essencial para o futuro do planeta, e há muito espaço para melhorias.

Talvez seja uma surpresa, mas vocês sabiam que morar na cidade poderia ser bem mais sustentável e ecológico do que morar no campo? Potencialmente, claro, no sentido de que morar perto de outras pessoas pode levar ao uso de energia com mais eficiência e, como resultado, a uma redução significativa de emissões de gases poluentes. Como isso funciona? É simples: se pudermos andar até o trabalho, pedalar ou usar um sistema de transporte público que seja elétrico, que tenha como fonte energias renováveis, nossas emissões de CO_2 serão zero. Se meu lixo, depois que eu o tiver separado adequadamente, for dividido, reciclado ou convertido em energia em usinas elétricas eficientes (como as que estão sendo construídas em cidades grandes), minha contribuição para a poluição do ar e da água será igualmente mínima. Se puder escolher onde quero fazer compras em meio a muitas lojas, supermercados e armazéns de produtos frescos, poderei escolher os que têm embalagens retornáveis e milhagem de alimentos, recompensando os distribuidores que querem reduzir seu impacto no meio-ambiente. Por contraste, se eu morar a quilômetros de centros que oferecem uma grande variedade de serviços, vou ter que me contentar com o que houver disponível na loja mais próxima ou dirigir até uma outra loja que se adeque às minhas necessidades, gastando energia em transporte particular.

As cidades são fronteiras importantes para a ecologia no sentido de que abrigam grande potencial para a implementação de mudanças necessárias para alcançar um equilíbrio de zero emissões de poluentes. Pesquisadores estão cientes disso há décadas, com universidades liderando a sustentabilidade ao misturarem arquitetura, engenharia, química e *design* para criar possibilidades em novas cidades atentas e ecológicas, as chamadas cidades inteligentes. Uma das questões em que o *Senseable City Lab*, liderado pelo arquiteto italiano Carlo Ratti, no *Massachusetts Institute of Technology* (MIT), está trabalhando é coletar dados de telefones celulares para entender melhor a dinâmica da vida na cidade. Ao fazer o cruzamento de dados de usuários que participam da pesquisa, os sistemas são capazes de reconstruir, entender e fazer uso dos hábitos de transporte dos cidadãos, dos meios de transporte preferidos, dos tempos de viagem e das rotas favoritas para tornar o transporte mais eficiente.

Os mesmos celulares podem sinalizar o estado de conservação de pontes e outras infraestruturas, por exemplo, ao enviar automaticamente dados que mostram a frequência de vibração da ponte (um parâmetro que define o quanto a estrutura está saudável) cada vez que ela é atravessada. Estar ciente das condições de grandes infraestruturas o tempo todo, e com custo zero, ajuda as cidades a aumentarem a segurança e também a própria resiliência (sua resistência a efeitos das mudanças climáticas) de formas eficientes em termos de energia.

Nós sabemos de muitas formas pelas quais uma cidade pode aumentar sua sustentabilidade ambiental, sendo a primeira delas a expansão de fontes de energia limpa e renovável – o uso de energias solar, eólica e hidrelétrica pode transformar uma cidade em "consumidora de zero combustíveis fósseis". Basel, na Suíça, e Burlington, Vermont, nos Estados Unidos, dentre muitas outras, já deram este salto com sucesso (de acordo com o CDP, *Carbon Disclosure Project*, que cobre quinhentas e setenta cidades ao redor do mundo e recolhe informações sobre eficiência de energia) e há mais de cem aglomerados urbanos que obtêm pelo menos 70% de sua energia de fontes renováveis. Prédios "inteligentes" (lares tecnologicamente avançados, eficientes e favoráveis ao meio-ambiente com características que poupam energia) oferecem uma contribuição significativa nesses casos. O *design* desses lugares leva em consideração o alcance do transporte público pela malha da cidade e também encoraja o trabalho feito de casa, deixando disponível a mais moderna geração de conexão à rede virtual mundial para os moradores.

Além disso, as cidades mais sensibilizadas estão incrementando as redes ecológicas formadas pelos espaços naturais e seminaturais presentes em suas áreas construídas e perto de cursos de água, plantando árvores e garantindo que pelo menos 20% de sua área seja verde (a porcentagem considerada essencial para mitigar o aumento no calor provocado pela maior área superficial de cimento e asfalto nos centros urbanos). Londres, na Inglaterra, por exemplo, há muito tempo alimenta suas redes ecológicas e sua biodiversidade, tendo obtido o título de primeira Cidade-Parque Nacional em julho de 2019. Também é de grande importância permitir espaço para pequenos negócios dentro da agricultura urbana, fazendo uso de áreas comunitárias e encorajando o uso de espaços particulares para cultivo hidropônico (crescimento sem terra, usando apenas água) de legumes e verduras.

É igualmente vital organizar sistemas de transporte público como prioridade dentro de cidades e expandir áreas de pedestres, além de aumentar rotas de ciclismo. A concentração de serviços e locais de trabalho em um único centro deve ser evitada, e uma rede ampla criada por toda área, permitindo que a distância entre o local onde a pessoa trabalha e o local onde ela mora seja mínima (uma das formas de fazer isso é encorajando as pessoas a trabalharem de suas próprias casas). Milhares de cidades no mundo, da Austrália ao Brasil, estão indo nesta direção e criaram sites nos quais compartilham suas experiências e seus resultados. Um dos mais confiáveis é o *Climate-Adapt*, que nasceu de uma parceria entre a Comissão Europeia e Agência Europeia do Ambiente (EEA, em inglês).

CAPÍTULO 16

A CHAVE PARA O FUTURO

IDEIAS E PESQUISAS PARA UM MUNDO MELHOR

No dia 1º de julho de 1979, o sr. Sony (cujo nome verdadeiro era Masaru Ibuka) lançou no mercado uma caixinha capaz de tocar fitas cassete, que seriam ouvidas por fones de ouvido. Na ocasião, ninguém poderia prever que o *walkman* revolucionaria não só a forma como ouvíamos música, mas também a vida diária de milhões de jovens. Esse é o poder das invenções, principalmente as japonesas! Não é surpresa que uma das iniciativas mais interessantes no campo das fontes de energia renovável venha do Japão: Tóquio quer ser a primeira cidade a fornecer aos Jogos Olímpicos, ali sediados em 2020, energia retirada de hidrogênio. E não só como combustível de veículos (um sistema que já foi testado por fabricantes locais de carros e é usado na rede de transporte público nacional), mas também em outros usos, como energia para prédios. Querendo se distanciar do desastre nuclear de Fukushima de 2011 pela busca de alternativas mais seguras e mais verdes, o Japão ainda está usando materiais brutos como metano na produção de energia à base de hidrogênio, mas, no futuro próximo, há muitas chances de desenvolver novas tecnologias que permitam a eletrólise da água, partindo o hidrogênio e o oxigênio em um processo com zero emissão de poluentes. Ainda é preciso fazer melhorias no conceito, mas pesquisadores preveem um curto período de desenvolvimento que beneficiará a economia e o meio-ambiente.

Mas as ideias que fazem bem ao planeta não precisam vir de grandes investimentos, sejam públicos ou privados. Às vezes, só é preciso ouvir os pequenos empresários ao redor do mundo, muitas vezes pessoas jovens que sonham com soluções engenhosas para certos problemas. Um deles é Scott Munguia, um mexicano de vinte anos que inventou um plástico totalmente natural reciclando caroços de abacate (a fruta é um dos produtos mais exportados pelo México). Outra iniciativa é a da *Freight Farms*, uma *startup* de Boston, nos Estados Unidos, que vende contêineres para serem usados como pequenas fazendas hidropônicas. Alimentos podem ser plantados no contêiner como se fosse um pequeno lote de terra, até mesmo em um estacionamento, e a comida pode ser vendida na região, com zero milhagem de alimentos.

As universidades também se tornaram incubadoras de ideias verdes inovadoras – como o laboratório liderado por Francesco Ciucci, de Ravenna, na Itália, que é professor de engenharia aeroespacial na Universidade de Ciência e Tecnologia de Hong Kong. A pesquisa dele envolve jovens estudantes de mestrado do mundo todo e está seguindo tendências de ponta em armazenamento de energia com o objetivo de reduzir o impacto ambiental de pilhas. Muitas vezes não nos damos conta de quantos elementos potencialmente tóxicos (lítio, chumbo, cobalto e eletrólitos, para citar apenas alguns) se escondem em itens de uso diário para fazer funcionar nossos *laptops*, telefones e carros.

O problema de capturar e armazenar energia para ser usada quando necessário se tornou cada vez mais urgente nos últimos anos. Fontes renováveis têm o potencial de libertar setores inteiros da dependência da energia (o carro elétrico poderia tornar rapidamente o motor de combustão interna obsoleto e reduzir as emissões de CO_2), mas os sistemas de retenção e armazenamento de energia terão que se tornar mais eficientes e reduzir seu impacto ambiental.

O laboratório de Ciucci está trabalhando em colaboração com as principais instituições de pesquisa públicas e particulares do Japão e da Alemanha no desenvolvimento de uma tecnologia que promete revolucionar a indústria de transporte por estradas: a bateria de estado sólido. Esses sistemas usam materiais de cerâmica e são bem mais ecológicos e compactos do que as baterias químicas, mas mesmo assim ainda são pesados demais. Apesar disso, foi estimado que os primeiros carros elétricos com esse tipo de bateria podem estar em produção em cinco anos, aumentando a distância alcançável com uma única carga dos atuais 400 km para quase o dobro disso. Ainda pode haver um caminho a percorrer, mas não falta entusiasmo para alcançar essa mudança.

0%
CO_2

CAPÍTULO 17

#MY CLIMATE ACTION

DEZ PEQUENAS MANEIRAS DE FAZER A DIFERENÇA

Nenhum homem é uma ilha. Tudo o que fazemos, até mesmo o menor gesto, pode fazer diferença. Isso não é só uma expressão, é um fato científico: pesquisas sociológicas demonstraram que quando uma pessoa ou um grupo faz a coisa certa, outros costumam fazer igual. Que tal alguns exemplos? Um jornal apresentando um artigo com a manchete "Um em cada três americanos parou de comer carne vermelha" foi deixado nas mesas de uma lanchonete nos EUA, para os clientes lerem; os pedidos de carne vermelha caíram 30% no restaurante naquele dia. Ou isto: a instalação de painéis solares em um bairro dispara uma reação de "cópia" que rapidamente resulta no bairro tendo uma porcentagem bem maior de painéis do que a média. Isso acontece porque uma parte do nosso cérebro se dedica à importante tarefa de avaliar os custos e benefícios das ações das outras pessoas. Se os benefícios do comportamento sustentável, como comer menos carne vermelha, forem percebidos como maiores do que os custos (abrir mão de um bife), costumamos imitar esse comportamento.

Aqui temos dez pequenas (grandes!) ações para começarmos a ajudar na mudança. Alguém tem alguma outra sugestão? Vamos escrever nossas sugestões, postar na internet, compartilhar, falar com todo mundo! Vamos tornar *#MyClimateAction* (#MinhaAçãoPeloClima) uma *hashtag* que ajuda a reduzir a temperatura do planeta.

1. TOMAR ÁGUA FILTRADA E LEVAR SUA PRÓPRIA GARRAFA

Água dentro de uma garrafa de plástico quase nunca é melhor; é mais cara (não só em termos das emissões de CO_2 associadas) e gera uma quantidade enorme de lixo. Se verificarmos a estrutura da rede de abastecimento de onde moramos, vamos ver que ela é controlada por lei e adequada ao consumo humano. Os filtros são excelentes e extraem qualquer substância indesejada (como cloro) da água enquanto deixa o conteúdo mineral essencial intacto. Vamos comprar nossas garrafas de água feitas de alumínio ou vidro; essa é uma forma simples de evitarmos garrafas descartáveis.

2. NÃO DESPERDIÇAR ÁGUA

Vamos tomar banhos rápidos, deixando o chuveiro aberto apenas pelo tempo necessário, e instalar filtros que reduzam a perda de água. Podemos usar detergentes naturais como vinagre para lavar superfícies e pisos; esse tipo de produto exige um enxague mínimo e não solta substâncias prejudiciais. Procure evitar a utilização de limpadores químicos disponíveis que venham em embalagens de plástico.

3. REDESCOBRIR BARRAS DE SABÃO

Lembram-se das barras de sabão? Elas ainda existem. Nós não precisamos de recipientes plásticos com dispensador para lavar as mãos ou para tomar banho. Também é possível comprar xampu em barra, o que reduz o lixo plástico. Uma pesquisa rápida *on-line* oferece muitas opções.

4. DAR UMA CHANCE AO BAMBU

O bambu é à prova d'água, leve e higiênico e pode ter muitos usos em tarefas que envolvem contato com água: escovas de dentes, escovas de cabelo, talheres, pratos e copos inquebráveis para crianças.

5. VAMOS FAZER UM PIQUENIQUE SEM PLÁSTICO (SEM LIXO)?

Copos e talheres de plástico estão no topo da lista do lixo que acaba indo parar no mar para sempre. Até 2021, não vão ser mais permitidos na Europa. Só precisamos de uma cesta de piquenique para carregar pratos e recipientes que seja feita de algum outro material que não o plástico (madeira, bambu, tecido... você tem alguma ideia?). Cada um pode levar seus utensílios para casa no fim do dia de piquenique.

6. ANDAR, PEDALAR E USAR TRANSPORTE PÚBLICO

A ideia óbvia para reduzir emissões é deixar o carro em casa o máximo de vezes possível. Existem esquemas de compartilhamento de carros elétricos (ao menos nas cidades grandes), transporte público, aluguéis de fim de semana e ciclovias. Caso essas opções ainda não estejam disponíveis na sua cidade, que tal organizá-las?

7. GUARDAR ALIMENTO EM VIDRO E CERÂMICA

Lembram da geladeira da vovó, com sobras do almoço cobertas com um prato? Não tem nada de errado com esse método de guardar comida, então vamos usá-lo! Vamos esquecer o plástico filme, as tampas e os recipientes de plástico: vidro e cerâmica são ótimos e não precisam ser jogados fora depois de apenas um uso.

8. SEMPRE APAGAR AS LUZES E DESLIGAR O AR-CONDICIONADO

Lâmpadas com baixo custo de energia são ótimas, mas também devemos acender menos luzes. Não se pode estar em todas as partes ao mesmo tempo, então vamos nos lembrar de apagar as luzes quando sairmos de um aposento da casa. E vamos usar o ar-condicionado apenas quando for absolutamente essencial.

9. CULTIVAR UMA HORTA OU JARDIM

Seja hidropônica ou tradicional, no quintal ou na varanda, por que não ter uma hortinha? É uma forma fantástica de ter sempre alimentos frescos e orgânicos e ao mesmo tempo tornar a cidade mais verde. Jardinagem também é uma ótima forma de desestressar.

10. EXPLORAR O CENTRO DE RECICLAGEM

Todas as cidades têm um sistema de gestão de resíduos sólidos, mas entender como a reciclagem funciona pode às vezes ser difícil. Por que não fazer um passeio em um centro de reciclagem, pedir informações e compartilhar com os vizinhos e os amigos? Lembram-se do princípio da cópia? Dá certo!

CAPÍTULO 18

PALAVRAS-CHAVE E *SITES*

ENTENDENDO AS MUDANÇAS CLIMÁTICAS: PALAVRAS ÚTEIS

Antropogênico: provocado por atividade humana.

Aquecimento global: elevação da temperatura média do planeta que é atribuída ao efeito estufa, causada principalmente pelas emissões de dióxido de carbono.

Biodiversidade: variedade de organismos vivos presentes em uma área.

Biosfera: todos os organismos vivos.

Branqueamento dos corais: clareação e perda de vida

observadas em recifes de corais devido a vários fatores ambientais, inclusive aumento na temperatura média do mar.

Combustíveis fósseis: substâncias orgânicas formadas no subterrâneo milhões de anos atrás. Incluem o petróleo, o carvão e o gás natural. Quando queimados, produzem energia e dióxido de carbono. De acordo com alguns estudos, estamos quase na metade das nossas reservas de combustíveis fósseis.

Cooperação internacional: uma forma de colaboração entre nações para desenvolver áreas em países emergentes que são vulneráveis de um ponto de vista econômico, social ou ambiental.

Desenvolvimento sustentável: desenvolvimento econômico que dá oportunidades iguais para todos prosperarem e não afeta o meio-ambiente.

Ecologia: modo como os organismos (de animais a células únicas) se relacionam uns com os outros e com seus arredores.

Ecossistema: interação de organismos vivos presentes em uma área, tanto entre si quanto com o ambiente ao redor.

Efeito estufa: quando o dióxido de carbono, outros gases e vapor da água permitem que a radiação do sol entre na atmosfera, mas prendem o calor que emana da Terra, aquecendo a superfície e a atmosfera do planeta.

Fontes renováveis de energia: fontes de energia da luz do Sol (energia solar), da força do vento (energia eólica), da água (energia hidrelétrica) ou calor geotérmico.

#*FridaysForFuture* (#SextasPeloFuturo): movimento estudantil global lançado em duzentos e setenta países no final de 2018 para chamar atenção dos líderes mundiais e da sociedade como um todo para os efeitos das mudanças climáticas. O movimento nasceu como resultado dos discursos feitos por Greta Thunberg, jovem ativista ambiental da Suécia.

Gestão de resíduos: operação de todos os processos que lidam com o lixo, da produção ao descarte ou reciclagem.

Mudanças climáticas: variação nas condições médias do clima ou mudanças (desconsiderando eventos extremos) que persistem por um período prolongado (de trinta anos ou mais).

Resiliência: capacidade de uma cidade, Estado ou área de combater desastres e fenômenos naturais.

#*SchoolStrikeForClimate* (#GreveEscolarPeloClima): greve organizada por estudantes de todo o mundo que, em vez de irem para a aula, se manifestam na frente dos prédios do governo em todas as manhãs de sexta-feira para exigir ações concretas contra as mudanças climáticas. A primeira *#SchoolStrikeForClimate* foi a que Greta Thunberg fez no dia 20 de agosto de 2018.

Sociedade civil: conjunto de relacionamentos sociais, culturais e econômicos que existe entre cidadãos de uma nação.

TED *Talk*: plataforma internacional que promove a circulação de novas ideias e opiniões *on-line* e nas conferências que acontecem em cidades de todo o mundo.

EM CONTATO COM AS INFORMAÇÕES: *SITES* CONFIÁVEIS

Agência Europeia do Ambiente: https://www.eea.europa.eu/pt
Carbon Disclosure Project: https://www.cdp.net/pt/la-pt
Discursos da Greta: www.fridaysforfuture.org/greta-speeches
European Climate Adaptation Platform:
https://climate-adapt.eea.europa.eu
Fórum Econômico Mundial: www.weforum.org
Greenpeace: https://www.greenpeace.org/brasil
Greves escolares: www.schoolstrike4climate.com (Austrália)
National Aeronautics and Space Administration: www.nasa.gov
Organização das Nações Unidas para Alimentação e Agricultura
http://www.fao.org
Organização das Nações Unidas: www.un.org.en
Organização Mundial da Saúde: www.who.int
Painel Intergovernamental sobre Mudanças Climáticas:
www.ipcc.ch
World Wildlife Fund: wwf.panda.org
www.campaigncc.org (Reino Unidos)
www.youthclimatestrikeus.org (EUA)

BIBLIOGRAFIA

"AR5 Climate Change 2014: Mitigation of Climate Change". Intergovernmental Panel on Climate Change (IPCC), novembro 2014.

"Clear the Air for Children", UNICEF Report, outubro 2016.

"The Future of Food and Agriculture: Trends and challenges", United Nations Food and Agriculture Organization (FAO), 2017.

"The Planetary Diet", EAT-Lancet Commission, janeiro 2019.

"Special Report: Global Warming of 1.5 °C". Intergovernmental Panel on Climate Change (IPCC), outubro 2018.

"The Sustainable Development Goals Report 2018", United Nations, Nova York, 2018.

"Understanding and acting on the complexity of climate change". Hans Bruyninckx, Diretor Executivo da European Environment Agency, setembro 2018.

Todos esses documentos podem ser encontrados na internet para consulta.

AGRADECIMENTOS

Precisamos agradecer a Lucia Esther Maruzzelli, cofundadora (junto com Valentina Giannella) da agência *Mind the Gap* pelo jornalismo abrangente em Hong Kong, por editar o texto.

Agradecemos a Sergio Castellari pela revisão científica das questões relacionadas ao clima. Castellari é climatologista no *National Institute of Geophysics and Vulcanology* (INGV), em Bolonha (Itália), e atua no momento como especialista nacional da União Europeia na Agência Europeia do Ambiente (EEA) em Copenhagen (Dinamarca); seu trabalho aborda questões específicas relacionadas à adaptação às mudanças climáticas e à redução de riscos de desastres.

Agradecemos a Andrea Filpa por revisar a seção sobre cidades sustentáveis; Filpa ensina *design* urbano no departamento de arquitetura da Roma Tre University e é integrante do comitê científico da WWF da Itália.

Agradecemos também a Balthazar Pagani, a Manuela Cuoghi, a Salvatore Giannella, a Francesco Ciucci, a Mariapaola Paiola e a Alessandro Lucchini.

Agradecemos a Massimo, Agata e Leonardo.

Feito com papel certificado e tinta à base de óleo vegetal, o livro *Somos todos Greta* foi publicado no Brasil em novembro de 2019, ano em que extensas áreas da Floresta Amazônica foram incendiadas e a fumaça, evidência de um crime contra a humanidade, viajou de norte a sul do país e transformou em noite a tarde paulistana do dia 19 de agosto. É para tentar evitar esse tipo de desastre ambiental e despertar os jovens para a importância da luta pela vida no planeta a razão de ser desta obra, composta em Futura e Bodoni 72 11,5/15 pt, impressa pela Gráfica Santa Marta para a VR Editora, com tiragem de 4 mil exemplares.